Mariano Delgado

Das zarte Pfeifen des Hirten

topos taschenbücher, Band 1074
Eine Produktion der Verlagsanstalt Tyrolia

Mariano Delgado

Das zarte Pfeifen des Hirten

Der mystische Weg der Teresa von Ávila

topos taschenbücher

Verlagsgemeinschaft topos plus
Butzon & Bercker, Kevelaer
Don Bosco, München
Echter, Würzburg
Lahn-Verlag, Kevelaer
Matthias Grünewald Verlag, Ostfildern
Paulusverlag, Freiburg (Schweiz)
Verlag Friedrich Pustet, Regensburg
Tyrolia, Innsbruck

**Eine Initiative der
Verlagsgruppe engagement**

www.topos-taschenbuecher.de

Bibliografische Information der Deutschen Nationalbibliothek
Die Deutsche Nationalbibliothek verzeichnet diese Publikation in der Deutschen Nationalbibliografie; detaillierte bibliografische Daten sind im Internet unter http://dnb.d-nb.de abrufbar.

ISBN 978-3-8367-1074-9

2017 Verlagsgemeinschaft topos plus, Kevelaer

Einband- und Reihengestaltung: Finken & Bumiller, Stuttgart
Satz: Tyrolia-Verlag, Innsbruck
Herstellung: Friedrich Pustet, Regensburg
Printed in Germany

Inhalt

Zweiter Teil
Der Verstehenshorizont

Dritter Teil
Wohnungen der inneren Burg – ein Kommentar

„Teresa bin ich getauft"

Teresa von Ávila (1515–1582) gehört zu jenen Gestalten der Kirchengeschichte, die als „geistiges Weltkulturerbe" oder als „eine Ehre für das Menschengeschlecht", wie Gabriela Mistral über Bartolomé de Las Casas sagte, zu betrachten sind. Ihre Schriften haben inner- und außerhalb des katholischen Raumes große Aufmerksamkeit geweckt, weil sie in einer neuen spirituellen Sprache voller origineller Alltagsmetaphern und zugleich mit der analytischen Schärfe eines gesunden – von der weiblichen Intuition geprägten – Menschenverstandes „das" Grundthema menschlicher Existenz behandeln und beleuchten: die göttliche Berufung des Menschen und den inneren Zusammenhang von Gottes- und Selbsterkenntnis. Es scheint, dass für ihre Wirkungsgeschichte dasselbe gilt, was sie von sich selber sagte: Gott habe ihr die Gnade gegeben, „dass ich überall, wo ich hinkam, Sympathie hervorrief, und so war ich sehr beliebt" (V 2,8).

Diese Beliebtheit erreichte 1614 anlässlich ihrer Seligsprechung einen ersten Höhepunkt und ist seitdem ungebrochen, wie das Jubiläumsjahr 2015 gezeigt hat. Im Herbst 1614 nahm Miguel de Cervantes an einem Poesie-Wettbewerb zur Ehre Teresas teil und hob treffsicher in der letzten Strophe seines Gedichtes über „Die Ekstasen unserer seligen Mutter Teresa de Jesús" die „Demut" als spirituelle Grundtugend hervor. Im selben Jahr arbeitete er am zweiten Teil seines *Don Quijote*, der 1615 erscheinen sollte, und auch darin fand Teresa – hundert Jahre nach ihrer Geburt – in einer literarisch verfremdeten

Form Eingang, was bis heute kaum beachtet wurde. Sancho Panzas Frau, die im ersten Teil (Quijote I,8) Juana oder Mari Gutiérrez bzw. Panza hieß, sagt nun selbstbewusst: „Teresa bin ich getauft: nichts dahinter, nichts davor, und ohne Getue mit Don und mit Doña" (Quijote II,5). Und dieser Teresa, die auf die Luftschlösser ihres Mannes immer mit bäuerlicher Schläue antwortet, legt Cervantes einen wahrhaft „teresianisch" klingenden Spruch über die Männer in den Mund: „Denn wir Weiber sind nun schon einmal mit der Last geboren, dass wir unsern Männern zu gehorchen haben, wären sie auch noch so große Esel" (Quijote II,5).

Ja, die Werke Teresas sind gespickt mit kritischen Beobachtungen und Klagen über die herrischen Männer und versprühen die Sehnsucht nach einer Zeit, in der den Frauen in Kirche und Gesellschaft keine Fesseln angelegt sein werden. Teresa wartet darauf, dass wir sie – jenseits der barocken Rezeption, die sie als Heilige gefeiert und ihr zugleich den Stachel gezogen hat – als „Frau" in der Nachfolge Jesu entdecken. Diesem Zweck dient dieses Büchlein über ihren mystischen Weg. Es fasst das Ergebnis meiner Beschäftigung mit ihr in den letzten Jahren zusammen und es ist auch Ausdruck meiner eigenen Erfahrung in ihrer „Gebetsschule".

Sie war Teresa getauft, aber ihr Programm und ihr Vermächtnis sind im Namen ausgedrückt, den sie als Ordensfrau wählte: Teresa *von Jesus*. Zu IHM, dem guten Hirten und Herrn der „inneren Burg", will sie uns hinführen, damit wir „ein Leben in Fülle" (Joh 10,10) haben, zum sanften, demütigen Jesus, dessen Einladung Teresa wie eine verliebte Braut angenommen und nie bereut hat: „Kommt alle zu mir, die ihr euch plagt und schwere Lasten zu tragen habt. Ich werde euch Ruhe verschaffen. Nehmt mein Joch auf und lernt von mir; denn ich bin gütig und von Herzen demütig; so werdet ihr Ruhe finden für eure Seele. Denn mein Joch drückt nicht und meine Last ist leicht“ (Mt 11,28–30).

Der Verlagsgemeinschaft topos plus danke ich für die Aufnahme des Bandes in ihr Programm. Mein Dank geht auch an Frau Mag. theol. Brunhilde Steger von der Verlagsanstalt Tyrolia sowie an Frau cand. Dr. phil. Mirjam Kromer, wissenschaftliche Assistentin am Lehrstuhl für Mittlere und Neuere Kirchengeschichte an der Universität Freiburg/Schweiz, für die Lektorierung des Textes.

Fribourg, 28. März 2017
Teresas 502. Geburtstag *Mariano Delgado*

Abkürzungen

Die entscheidenden Markierungen aus dem Leben und der Wirkungsgeschichte der Teresa von Ávila gehen aus der chronologischen Übersicht im Anhang hervor. Ihre Werke werden zitiert nach: Teresa von Ávila, Werke und Briefe. Gesamtausgabe, 2 Bände, hg. v. Ulrich Dobhan / Elisabeth Peeters, Freiburg 2015. – Für das spanische Original vgl. Santa Teresa de Jesús, Obras completas, hg. v. Efrén de la Madre de Dios / Otger Steggink, Madrid ^{9}1997. – Die Werke werden in der üblichen Weise (mit dem ersten Buchstaben des spanischen Originals) abgekürzt:

CC (Cuentas de Conciencia / Geistliche Erfahrungsberichte)
CE (Camino de perfección: El Escorial / Weg der Vollkommenheit)
Ct (Cartas / Briefe)
CV (Camino de perfección: Valladolid / Weg der Vollkommenheit)
F (Libro de las Fundaciones / Buch der Klostergründungen)
M (Moradas del Castillo interior / Wohnungen der Inneren Burg)
MC (Meditaciones sobre los Cantares / Gedanken zum Hohenlied)
P (Poesías / Gedichte)
V (Libro de la vida / Buch meines Lebens)
Ve (Vejamen / Neckerei).

Ebenso werden in diesem Buch die Werke des Johannes vom Kreuz öfter zitiert, und zwar nach der Ausgabe: Johannes vom Kreuz, Gesammelte Werke. Vollständige Neuübertragung, hg. und übersetzt von Ulrich Dobhan / Elisabeth Hense / Elisabeth Peeters, Freiburg 1995ff. Werke, die darin noch nicht ediert wurden, werden nach der spanischen Originalausgabe zitiert: San Juan de la Cruz, Obras completas, hg. v. José Vicente Rodríguez / Federico Ruiz Salvador, Madrid [5]1993. Die Gedichte des Johannes vom Kreuz werden in meiner eigenen Übertragung zitiert. – Die Werke werden in der üblichen Weise (mit dem ersten Buchstaben des spanischen Originals) abgekürzt:

CA (Cántico espiritual / Geistlicher Gesang, 1. Fassung)
CB (Cántico espiritual / Geistlicher Gesang, 2. Fassung)
D (Dichos de luz y amor / Worte von Licht und Liebe)
Ep (Epistolario / Briefe)
LA (Llama de amor viva / Liebesflamme, 1. Fassung)
LB (Llama de amor viva / Liebesflamme, 2. Fassung)
N (Noche oscura / Dunkle Nacht)
P (Poesías / Gedichte)
S (Subida del Monte Carmelo / Aufstieg auf den Berg Karmel).

H.M.D. (Hervorhebung Mariano Delgado)

Erster Teil

Teresa von Ávila und ihre Zeit

Schwere Zeiten

Das 16. Jahrhundert ist in Europa die Zeit, in der man zwischen dem protestantischen und dem katholischen Christsein wählen muss, keine Zeit für Kompromisse und Mittelwege – jedenfalls nicht in Spanien nach der geistigen Wende der 1550er-Jahre.[1]

Was Spanien betrifft, so lassen sich in religiös-kultureller Hinsicht zwei Phasen deutlich unterscheiden, die mit den Ereignissen auf der europäischen Makroebene eng zusammenhängen und zugleich durch den besonderen spanischen Kontext geprägt sind: eine erste, eher irenische Phase, die bis zum Augsburger Religionsfrieden (25.9.1555) oder, wenn man so will, bis zur Abdankung Karls V. in den Jahren 1555–1556 dauert, und eine zweite, die sich zu Beginn der Fünfzigerjahre anbahnt, in den Krisenjahren 1557–1560 das Land in Atem hält und bis zum Tode Philipps II., ja eigentlich bis zu den bourbonischen Reformen Mitte des 18. Jahrhunderts unter Karl III. anhält. In einem Klima relativer geistiger Freiheit hat es schon vorher Anzeichen der Krise und Abkapselung gegeben. Aber erst nach Aufdeckung der Kryptoprotestanten (Spanier, die mit dem Protestantismus sympathisierten und Bücher der Reformatoren lasen) in den späten 1550er-Jahren kommt es zu einer nachhaltigen „geistigen Wende“ gegen alle Tendenzen, die als „philoprotestantisch“ galten.

Aufdeckung der Kryptoprotestanten

Der Protestantismus, für die Spanier die „deutsche Häresie", breitete sich durch den Buchdruck aus. Trotz des wachsamen Auges der Inquisition waren viele Bücher und kommentierte Bibelübersetzungen protestantischer Autoren nach Spanien gelangt. Als Fanal für die geistige Wende gilt 1557 und 1558 die zufällige Aufdeckung von Konventikeln in Sevilla und Valladolid, denen es bis dahin gelungen war, solche Bücher einzuschmuggeln. Zur Gruppe von Sevilla gehörten mehrere Ordensmänner, vor allem Hieronymiten (20 von ihnen konnten zwischen 1555 und 1557 aus Spanien fliehen). Zur Gruppe in Valladolid gehörten zahlreiche Adelige um Agustín de Cazalla, Hofkaplan Karls V. Dies ließ bei der Krone und der Inquisition alle Alarmglocken läuten.

Von Yuste (Extremadura) aus, wohin sich Karl nach seiner Abdankung zurückgezogen hatte, schrieb er am 25. Mai 1558 an seine Tochter Johanna nach Valladolid, die in Abwesenheit Philipps II. Regentin war, und an seinen Sohn, der noch in Brüssel weilte, man müsse gegen die Dreistigkeit dieser „Lumpenkerle" (piojosos) mit aller Strenge (mucho rigor y recio castigo) vorgehen, kurzen Prozess machen (breve remedio) und ein Exempel statuieren (ejemplar castigo). Generalinquisitor Fernando de Valdés begrüßte diese harte Linie und ging ans Werk.

Die Chronik berichtet, dass am 21. Mai 1559 in Valladolid in einer groß angelegten Zeremonie nach einer Predigt des Dominikaners Melchior Cano vierzehn Personen zum Tod auf dem Scheiterhaufen verurteilt und sechzehn rekonziliiert (mit der Kirche wieder versöhnt) wurden; in Sevilla verbrannte man am 24. September 1559 neunzehn „Ketzer" (einen davon „in effigie"), während sieben rekonziliiert wurden. Bis 1560 wurden insgesamt noch 29 Personen verbrannt (drei davon in Sevilla „in effigie") und 55 wiederversöhnt. Der französische Hispanist Marcel Bataillon hat treffend bemerkt, dass in diesen schweren Zeiten Menschen verbrannt wurden, die einige Jahre vorher „mit einer kleinen Strafe" davon gekommen wären.[2]

Diese Aussage kann man mit dem Schicksal des Juan Gil illustrieren, eher bekannt unter der latinisierten Namensform Dr. Egidio, der im November 1555 (bzw. Anfang 1556 nach anderen Quellen) friedlich starb, nun aber posthum zu den 1560 in Sevilla „in effigie" Verbrannten gehörte. Er war dort Domherr mit dem wichtigen Predigeramt. Seinem Ruf als Prediger war es zu verdanken, dass Karl V. ihn 1549 für das Bistum Tortosa als Bischof vorschlug. Doch bald darauf wurde er bei der Inquisition angezeigt und verhaftet. Er wurde des „Luthertums" bezichtigt, und galt daher als spanischer Protoprotestant. Die Forschung ist eher der Meinung, dass es sich um eine für die heterodoxen Bewegungen im damaligen Spanien typische Mischung aus Erasmianismus (nach Erasmus), Valdesianismus (nach dem spanischen Humanisten Juan de Valdés) und Illuminismus (nach den *alumbrados*) handelte, wenn auch nicht frei von einer „lutherisch" klingenden Tönung. Eine Theologenkommission, zu der die Dominikaner-Professoren Domingo de Soto († 1560) und Bartolomé Carranza († 1576) gehörten, kam zum Schluss, dass Dr. Egidio einige Sätze feierlich (de vehementi) widerrufen sollte, bevor er nach einer kleinen Bußstrafe in die Freiheit entlassen werden könnte. Zum Widerruf kam es dann am 21. August 1552 in der Kathedrale von Sevilla. Danach wurde er zu einem Jahr Haft verurteilt, das er nicht ganz erfüllte und unter guten Bedingungen verbringen durfte. Mitte 1553 wurde er in sein pfründenreiches Domherrenamt wieder eingesetzt, das er bis zu seinem Tod bekleidete. Nur predigen durfte er nicht mehr. Unter dem Eindruck der Aufspürung der Kryptoprotestanten 1557–1558, zu denen einige seiner Freunde und Weggefährten gehörten, wurde er von Großinquisitor Fernando de Valdés als „Vater des Sevillaner Protestantismus" bezeichnet.[3]

Geistige Tendenzen im 16. Jahrhundert

Um diese Situation besser verstehen zu können, müssen wir einen Blick auf die geistigen Tendenzen in Spanien werfen:

(1) Die *alumbrados* (die Illuminierten), viele davon waren *conversos* (Neuchristen aus dem Judentum oder dem Islam), gingen von der Berufung aller zur geistlichen Vollkommenheit aus und befürworteten das Erlangen derselben mittels des *dejamiento* (sich gänzlich der Gnade Gottes überlassen unter Geringschätzung der Werke und der aktiven Beteiligung am Reinigungsprozess), des inneren Betens und privater Erleuchtung abseits der kirchlichen Vermittlung. Die reine Liebe zu Gott, die weder der Hoffnung auf den Himmel noch der Angst vor der Hölle entspringt, war für die *alumbrados* das Ziel, und dies könne durch Gottes Fügung in jedem Stand erreicht werden. Sie vertraten eine Art allgemeiner Berufung zur Vollkommenheit außerhalb des Ordensstandes. Nach dem Prozess und dem Edikt von Toledo 1525 (das Edikt systematisierte die Lehre der so genannten *alumbrados* und schuf

aus einer sehr heterogenen Bewegung den Illuminismus) galten sie als neutralisiert, zumindest als eine kontrollierte Gefahr; gleichwohl neigte die Inquisition im Spanien des 16. und 17. Jahrhunderts dazu, jede spirituelle Erneuerung mit Illuminismus gleichzusetzen (auch mit Quietismus, wie das *dejamiento* im 17. Jh. vom lateinischen „quies“ Ruhe hieß) und unter Verdacht zu stellen. Aus diesem Grund musste bekanntlich Ignatius von Loyola († 1556), der zuerst in Alcalá und dann in Salamanca zu studieren versuchte, 1528 Spanien verlassen und nach Paris wechseln, wo die Luft freier war.

(2) Die *Erasmianer* (und die oben erwähnten Valdesianer) waren zumeist gebildete Laien oder Kleriker mit niederen Weihen. Sie teilten mit den *alumbrados* (und Protestanten) den Glauben an die Berufung aller zur Vollkommenheit und die Kritik am Ordensleben, an der Hierarchie, dem Zölibat, dem sakramentalen Charakter der Ehe und der katholischen Kultpraxis; letztere wurde für „rabbinisch“ gehalten. Zugleich waren sie eine ernsthafte Konkurrenz für die „verstaubten“ scholastischen Theologen. Denn sie waren sozusagen Vertreter einer „liberalen Theologie“ *avant la lettre* und gingen zu den Quellen: zu der hebräischen und griechischen Bibel, zu den Kirchenvätern und den antiken Philosophen. Sie pflegten die Rhetorik und schrieben ein elegantes, geschliffenes Latein. Als christliches Ideal befürworteten sie eine *Philosophia Christi*, die sich an der Bergpredigt orientierte. Sie waren anthropologische Optimisten, elitäre Ireniker und Moralisten der internationalen Gelehrtenrepublik, keine Heiligen und Mystiker. Sie gefielen zeitweise vielen, lösten aber kaum Begeisterung aus. Denn ihre Lektüre ließ vielfach die Seele austrocknen. Ignatius von Loyola berichtet, dass der Eifer in ihm lau wurde,

sobald er anfing, die Schrift *De milite Christiano* des Erasmus zu lesen (zwischen 1525 und 1533 erreichte sie in Spanien neun Auflagen und zwischen 1541 und 1556 weitere vier); und dass die Lauheit größer wurde, je mehr er davon las. So habe er beschlossen, die Schriften des Humanistenfürsten nicht mehr zu lesen. Den Mitgliedern der Gesellschaft Jesu erlaubte er deren Lektüre nur mit großer Vorsicht. Bei Erasmus vermisst Ignatius wohl jene Liebe zur real existierenden Renaissance-Kirche *malgré tout* (sentire ecclesiam), die die spanischen Reformer und Mystiker auszeichnet.

(3) Die *geistlichen Schriftsteller* und *Mystiker*, vor allem Franziskaner (Francisco de Osuna, Bernardino de Laredo, Pedro de Alcántara) und Jesuiten (Ignacio de Loyola, Francisco de Borja), aber auch Augustiner (Alonso de Orozco), Weltpriester (Juan de Ávila) und Dominikaner (Luis de Granada) verteidigten das *recogimiento*, die geistliche Sammlung zum Gebet der Ruhe, das innere Beten, die allgemeine Berufung zur Vollkommenheit (auch des Laienstandes) und die Lektüre der Bibel (zumindest des Neuen Testamentes) in der Volkssprache – verbunden mit der Einheit der Gottes- und Nächstenliebe durch die Werke. Aber anders als die vorher genannten Gruppen kritisierten sie nicht prinzipiell das Klosterleben, das sie sehr empfahlen, oder die katholische Kultpraxis, sondern nur die Missstände. Sie schrieben in der Volkssprache, um der religiösen Bildungssehnsucht der Laien – besonders der Frauen – geistliche Nahrung zu geben; sie erreichten hohe Auflagen, da sie im Trend der Zeit lagen; sie vulgarisierten in geistlichen Wegweisern, aber auch in Einleitungen in die Hauptstücke christlicher Katechese (Glaubensbekenntnis, Dekalog, Vaterunser, Sakramente) theologisches Fachwissen.

(4) Eine weitere Tendenz wurde von *Bartolomé Carranza*, dem Trienter Konzilstheologen, Beichtvater von Karl V. und Philipp II. sowie seit 1558 Erzbischof Toledos und Primas von Spanien, paradigmatisch verkörpert. Bei Carranza handelte es sich um einen hochrangigen akademischen Theologen und Kirchenführer, der die Zeichen der Zeit erkannt hatte und in vielen Punkten der Meinung der geistlichen Schriftsteller und Mystiker war. Im Protestantismus sah er nicht nur Negatives. Daher befürwortete er, wenn auch mit Kautelen, die Übersetzung zentraler Bücher der Bibel in die Volkssprache, die allgemeine Berufung zur Vollkommenheit und das innere Beten der Laien. Mit seinem Werk *Comentarios al Catechismo christiano* (Antwerpen 1558) legte er in spanischer Sprache eine für Laien leicht zugängliche Einführung in das Christentum vor.

(5) Die *scholastischen Theologen* vertraten nun angesichts dieser Tendenzen einen akademischen Aristokratismus, wonach die Theologie als *sacra doctrina* nicht für das gemeine Volk, und schon gar nicht für die Frauen wäre; sie standen der theologischen und geistlichen Literatur in der Volkssprache misstrauisch gegenüber, da sie nur Verwirrung im Volk und Unruhe in Kirche und Gesellschaft hervorrufen würde; sie verachteten zudem die Humanisten als Männer, die eher von Philosophie, Philologie und Rhetorik als von Theologie etwas verstünden. Und sie reklamierten die Deutungshoheit über alle wichtigen Fragen der Zeit. Die Scholastiker, allen voran Dominikaner wie Melchior Cano, waren entschlossen, mit Hilfe der Inquisition jedes Anzeichen von Illuminismus, Erasmianismus, Valdesianismus, Protestantismus und Carranzismus im Keim zu ersticken.

Belagerte Festung

Die oben erwähnten Hinrichtungen wurden von einer Abriegelung gegenüber dem Ausland begleitet, denn in Spanien gewann nun die Mentalität einer „belagerten Festung" die Oberhand: 1558 hatte die Krone verboten, ausländische Bücher einzuführen und überhaupt Bücher ohne Druckerlaubnis von Krone und Kirche in Spanien zu publizieren. Nun folgten 1559 Schlag auf Schlag weitere Maßnahmen: Am 17. August veröffentlichte Generalinquisitor Valdés – wohl auf Anraten Canos – einen vielsagenden Index, der zur Konfiskation und Verbrennung vieler Bücher führte; dazu zählten alle Übersetzungen der Bibel oder deren einzelner Bücher in die Volkssprache; ferner zahlreiche Werke des Erasmus, die Werke seiner Schüler Alfonso und Juan de Valdés; die damals dem rheinischen Mystiker Johannes Tauler zugeschriebenen *Institutiones* und gar die geistlichen Hauptwerke in der Volkssprache von spanischen Mystikern wie Francisco de Osuna OFM, Juan de Ávila, Francisco de Borja SJ und Luis de Granada OP. Gleich darauf, am 21. August, ließ die Inquisition den Erzbischof Toledos Bartolomé Carranza nicht zuletzt aufgrund eines Gutachtens Canos zu seinem Katechismuskommentar in einer Nacht-und-Nebel-Aktion verhaften. Am 22. November ordnete schließlich die Krone an, dass alle im Ausland studierenden oder lehrenden Spanier innerhalb von vier Monaten zurückzukehren hatten – ausgenommen waren nur jene, die in Bologna, Neapel oder Coimbra eingeschrieben waren.

Marcel Bataillon hat von einer Erschütterung gesprochen, die in der Geschichte der katholischen Kirche ihresgleichen sucht.[4] Teresa von Ávila nannte ihre Epoche *tiempos recios* oder

„schwere Zeiten“ (V 33,5). Mit ihrem Urteil stand sie nicht alleine da: Von Theologen und Mystikern, Hütern der Orthodoxie und Kirchenreformern wurde sie als schwer und gefährlich empfunden. Cano etwa, der führende Kopf hinter der geistigen Wende, zitiert Vergil: „Diese Zeiten sind derart gefährlich, dass wir alles Mögliche fürchten müssen.“[5] Sein Mitbruder Domingo de Soto sprach von „diesen so undurchsichtigen und bewölkten Zeiten, in denen die dicken Wolken, die Sonnenstrahlen kaum durchlassen, die Unser Herr uns zu senden scheint“[6].

Melchior Canos Gutachten über das Werk Carranzas

Der erste große Glockenschlag für die geistige Wende gegen das innere Beten war das 1555 in Salamanca erschienene Werk des Dominikaners Juan de la Cruz *Diálogo sobre la necesidad y provecho de la oración vocal.*[7] Der Autor ist mit Recht nicht so berühmt geworden wie sein Namensvetter von den unbeschuhten Karmelitern, verdient aber als Zeitdiagnostiker allemal unsere Aufmerksamkeit. Wie schon der Titel sagt, handelt es sich bei diesem Werk um eine Apologie des mündlichen Gebets, vor allem des klösterlichen Chorgebets, verfasst in der renaissance-üblichen Dialogform: *monachatus est pietas* par excellence (das Ordensleben ist der frommste Weg in der Nachfolge Jesu) lautet die metaphysisch, anthropologisch und theologisch begründete Botschaft des Buches, das vor allem als anti erasmianisches Manifest geschrieben ist, aber auch gegen manche geistliche Schriftsteller und Mystiker, die dem inneren Beten den

Vorzug gaben und es dem Laienstand als Weg der Vollkommenheit empfahlen.

Die geistige Wende in den genannten Krisenjahren lässt sich am besten anhand von drei Merkmalen aufzeigen, die mit Canos Gutachten über den Katechismuskommentar Carranzas zu tun haben. Das mit Polemik und Ironie argumentierende Gutachten hält Carranza vor, sich die Sprache von *alumbrados* und Lutheranern anzueignen. 50 Male nennt ihn Cano *alumbrado* und 20 Male Lutheraner.

(1) *Die Methode: in rigore ut iacent* (so streng wie möglich auslegen). Der Auftrag des Generalinquisitors an Cano lautete, das Werk Carranzas nach der Methode *in rigore ut iacent* zu begutachten: Aussagen werden im Zweifelsfalle gegen den Autor interpretiert, d. h. zugunsten des Häresie- oder Heterodoxieverdachts. Nach dieser Methode können Ketzer gemacht werden, auch wenn ihre Werke, wohlwollend gelesen, im Rahmen eines legitimen Pluralismus liegen würden. Wohl auf seinen Namen anspielend sagte einer seiner Verehrer über Cano, er könne die Ketzer „wie ein Spürhund" von Ferne riechen.[8] Mit Bezug auf Jes 56,10 hielt Cano die Theologen und Bischöfe seiner Zeit vielfach für „stumme Hunde, sie können nicht bellen". Sie haben „keinen Spürsinn mehr, um die Spuren zu wittern". Cano argwöhnte, „dass vielleicht alle, Hunde und Hirte, verstummt sind – von der Angst gelähmt"[9]. Vor seinem Gutachten soll Cano gesagt haben, dass Carranza „noch deutlicher als Luther ein Ketzer sei"[10]. Nach der strengen Methode des *in rigore ut iacent* qualifiziert Cano die Aussagen Carranzas nach einer Skala, die von Anstoß erregend, waghalsig bzw. unklug und gefährlich, missverständlich, nach Häresie riechend und irrend bis häretisch reicht.

(2) *Heilige Schrift und Theologie sind nichts für das Volk.* Carranzas Meinung, dem Volk sollen zumindest Teile der Bibel in der Volkssprache gegeben werden, wurde von Cano als „unklug und gefährlich“ eingestuft,[11] denn das werde in Spanien zu ähnlichen Zuständen wie in Deutschland führen, wo Zimmerleute, die das Neue Testament gelesen haben, als große und erhabene Theologen betrachtet würden: „Selbst einfältige Frauen, die die Evangelien und die paulinischen Briefe auswendig sagen konnten, forderten die Theologen aller Universitäten zum Disput heraus und wagten es, die Männer anzugreifen – nicht als ehrbare Frauen, sondern als verdorbene.“ „In der Tat“, folgert Cano, „so ist die lutherische Theologie“[12]. Stattdessen sollte man davon ausgehen, dass die Bibel nicht für „Zimmermannsfrauen“ geschrieben worden sei: „Auch wenn die Frauen mit unersättlichem Appetit danach verlangen, von dieser Frucht zu essen, ist es nötig, sie zu verbieten und ein Feuermesser davor zu stellen, damit das Volk nicht zu ihr gelangen kann“[13]. Cano wirft Carranza vor, mit seinem Buch die Theologie, also alles, was die Hirten und Priester der Kirche wissen und tun sollten, „der Frau zu geben“[14]. Das hieße wohl, Perlen vor die Säue zu werfen. Cano ermahnte zum Beibehalten des Lateinischen in den Bibelübersetzungen sowie in den Stundenbüchern und den Schriften über wichtige geistliche Dinge, damit das Volk wenig davon verstünde; wenn nämlich der Nimbus des Geheimnishaften, der dem Lateinischen beim Volk anhafte, verschwände, ginge die Macht des Klerus verloren.

(3) *Das innere Beten ist nichts für das Volk.* Neben der Bibelübersetzung in der Volkssprache ist die Ablehnung des inneren Betens und die Befürwortung des mündlichen das zweite

große Thema des Gutachtens. Das gemeine Volk solle sich „der vita activa widmen, wenn das Gemeinwesen nicht verloren gehen soll“[15], d. h. beim Rosenkranz bleiben und sich nicht dem kontemplativen inneren Beten hingeben. Wer die allgemeine Berufung zur Vollkommenheit der Laien in der Welt ohne die evangelischen Räte verkünde, der, so Cano mit beißender Ironie, wisse mehr als Christus, der zum reichen Jüngling gesagt habe „geh, verkaufe, was du hast“ (Mk 10,21), und nicht „geh und bete innerlich im Geiste (vade et ora mentaliter)“. Ein solcher Theologe sei „ein Zerstörer des Ordenslebens und ein Volksbetrüger“[16]. Man solle dem Volk keinen allgemeinen Weg zur Vollkommenheit außerhalb des Weges empfehlen, der vom Herrn selbst in den Evangelien vertreten und von der Kirche immer hoch gehalten worden sei: „d. h. der Weg der Ordensregeln und des Gelübdes von Gehorsam, Armut und Ehelosigkeit“[17]. Cano griff die Berufung auf die mystische Erfahrung bei den *alumbrados* und Mystikern als leichtfertig an, denn sie führe dazu, dass man das Lehramt der scholastischen Theologen ablehne und an ihrer Stelle die volkstümlichen Autoren von geistlicher Literatur zu Autoritäten erkläre.

Cano blieb innerhalb des Dominikanerordens nicht unwidersprochen. Ein Anhänger Carranzas soll 1559 gesagt haben, Cano zu töten „sei Gott so wohl gefällig wie das Messopfer“[18]. Soto hatte bereits am 14. Oktober 1558 auf Drängen des Generalinquisitors ein kleines Gutachten zum Katechismuskommentar Carranzas geschrieben und darin festgehalten, im besagten Buch finde sich gewiss keine formelle Häresie, auch wenn einige Ausdrücke missverstanden werden können, wenn man sie aus dem Kontext herausreiße und nicht das ganze Werk berücksichtige. Zudem sei die Absicht des

Autors sehr heilig. Juan de la Peña, ein anderer Dominikaner, der ebenfalls um ein Gutachten gebeten wurde, bemerkte ironisch und scharfsinnig zugleich, das Problem scheine in der Sprache zu liegen: „Die Sprache [...] dieser Ketzer ganz zu vermeiden ist unmöglich, wenn wir nun das Sprechen nicht neu erlernen wollen und die Sprache des hl. Paulus vergessen, die von den unfrommen und profanen Ketzern am meisten benutzt wird.“[19] So lässt die heutige Forschung die Frage im Raum stehen, warum die Inquisition dem Gutachten Canos mehr Glauben schenkte als den Gutachten anderer großer Theologen: Hatte Generalinquisitor Valdés eine Rechnung mit Carranza offen, weil dieser und nicht er Primas von Spanien geworden war? Die ganze Affäre auf persönliche Rivalität zurückzuführen wäre gewiss zu einfach: Man muss sie vielmehr als Teil der geistigen Wende in jenen schweren Zeiten betrachten, einer Wende, die in Canos Gutachten, wie bereits erwähnt, ihren besten Ausdruck fand.

Drei Perioden der Mystik

Die Zeit Teresas ist unter dem wachsamen Auge der Inquisition in Spiritualität und Mystik eine Zeit der Richtungskämpfe zwischen heterodoxen und orthodoxen Bewegungen und Schulen; und es ist zugleich eine Zeit der Blüte, in der die so genannte „spanische Mystik“ entsteht. Diese wurde begünstigt durch Einflüsse der *devotio moderna*, der oberrheinischen Mystik und der italienischen Spiritualität (Savonarola u. a.), die um 1500 nach Spanien kamen, und nicht zuletzt durch – zumeist unbewusste – Einflüsse aus dem Judentum und dem Islam. Dazu kommen andere Faktoren wie die asketische Reformbewegung hin zur strengen Observanz, die seit den katholischen Königen nach und nach alle religiösen Orden erfasste und durch ihren Laienzweig (Terziaren) die spirituell Interessierten aus dem Volk erreichte; die Gründung neuer Orden (Jesuiten, unbeschuhte Karmeliter), die von Anfang an ein besonderes spirituelles Profil hatten; nicht unwichtig war auch die hohe Alphabetisierungsrate Spaniens, die ein ähnliches Niveau wie im protestantischen Europa (zwischen 10 % auf dem Land und 50 % in den wichtigen Städten) hatte.

Dass die mystische Blüte mit dem *Siglo de Oro* der spanischen Kultur und dem Aufstieg Spaniens zu einem Weltreich, in dem die Sonne nicht unterging,[20] zusammenhängt und so Teil jener spanischen „Klassik" ist, die in der Frühen Neuzeit zur Referenz der abendländischen Kultur wurde, ist gewiss kein Zufall: Spanien scheint in dieser Zeit seine welthistorische Sendung gefunden zu haben. Aber während einige Spanier, wie der Kritiker imperialer Politik Bartolomé de Las Casas, ironisch bemerkte, „sich für so geistreich und weise halten und Anspruch darauf erheben, die ganze Welt zu beherrschen"[21], durchschauen andere die Vergänglichkeit dieser Welt, entdecken das *Sólo Dios basta* (Nur Gott genügt) und widmen sich der Gottes- und Selbsterkenntnis in der augustinischen Tradition der Suche Gottes in uns.

Wir können von drei Perioden der Mystik sprechen. Die erste geht von 1500 bis zum Ende des Konzils von Trient (1563). Sie ist markiert durch die Impulse des Franziskaners Jiménez de Cisneros und die Rezeption der genannten Einflüsse. Als Erzbischof Toledos und Gründer der humanistischen Universität von Alcalá fördert Cisneros den Druck von spirituellen Werken über das Leben Jesu von Francesc Eiximenis und Ludolf von Sachsen, die *Imitatio Christi* des Thomas von Kempen oder das *Flos Sanctorum* des Jakob de Vorágine. Sein Neffe und Abt von Montserrat, García de Cisneros, wird mit seinem Werk *Exercitatorio de la vida espiritual* (1500, es erreichte sieben spanische und vierzehn lateinische Ausgaben, von den Übersetzungen in andere Sprachen ganz zu schweigen) großen Einfluss haben, nicht zuletzt auf Ignatius von Loyola, den Gründer der Gesellschaft Jesu. Dazu kommen der erste spanische Katechismus von 1498 sowie die geistlichen Werke des Erasmus und vieler spanischer Autoren, die hohe Auflagen erreichten. Wir haben es gleichsam mit einem Programm der „Christianisierung durch Lektüre“ zu tun.

Drei Grundformen von Spiritualität und Mystik (wir gehen hier auf den Unterschied zwischen diesen Begriffen nicht näher ein; es genüge zu sagen, dass zur Mystik auch die Beschreibung des Erfahrenen gehört) sind in dieser ersten Periode zu unterscheiden: Wir haben zunächst den Richtungskampf zwischen *dejados*, in ihrer extremen Variante auch *alumbrados* genannt, und *recogidos*. Beiden ist, wir sahen es oben, die Pflege des inneren Betens gemeinsam, das als die bessere Gebetsart betrachtet wurde und der große spirituelle Trend in Spanien war. Während die *recogidos* es mit geistlicher Sammlung (auch in der Welt, etwa bei den Terziaren), mit klösterlichem Leben, Askese, Werken der Nächstenliebe und mündlichem Gebet verbanden, neigten die *alumbrados* bekanntlich zur Verabsolutierung des inneren Betens, zur Betonung der Unmittelbarkeit vor Gott als lebendigem Buch und zur Geringschätzung des Ordenslebens sowie der kirchlichen Sakramente und Zeremonien. Eine andere Form wird von Ignatius von Loyola verkörpert. In seinen *Geistlichen Übungen* (1522–1523, erste Fassung) verfeinert er aus eigener Erfahrung die Methode der Unterscheidung der Geister im geistlichen Leben sowie die der gegenständlichen Meditation, d. h. der empathischen Betrachtung des Lebens und Leidens Jesu mit dem inneren Auge. Und dies wird mit einer neuen Art von Ordensleben verbunden, das durch den Verzicht auf das Chorgebet zugunsten der Aktion und des Apostolats mitten in der Welt geprägt ist. Lassen wir die *alumbrados* beiseite, so sind die wichtigsten spanischen Autoren dieser ersten Periode Francisco de Osuna OFM, Bernardino de Laredo OFM, Pedro de Alcántara OFM, Alonso de Madrid OFM, Ignacio de Loyola SJ, Juan de Ávila und Alonso de Orozco OSA.

Der meistgelesene spirituelle Autor der Zeit, Luis de Granada OP, von dem einige geistliche Werke im Index von Fernando de Valdés 1559 verboten wurden, kann als Bindeglied zwischen der ersten und der zweiten Periode betrachtet werden. Diese ist dann bis 1591 die goldene Zeit der spanischen Mystik, die Zeit der Blüte und der originellen Schöpfung. Mit Autoren wie Teresa von Ávila OCD, Baltasar Alvarez SJ, Juan de la Cruz OCD († 1591) und Luis de León OSA, um nur die wichtigsten zu nennen, erreicht die Mystik in Theologie und Kirche ihren Höhepunkt. Aufgrund der sprachlichen Qualität und Innovation ihrer Werke in den Prosakommentaren und der Lyrik gehören einige Autoren zur besten Literatur des *Siglo de Oro*. Aus der Feder Teresas z. B. erweist sich das Spanische als ein so klares Kommunikationsvehikel, dass Thomas Merton († 1968) nach der Lektüre ihrer Werke voller Bewunderung sagte, die Dinge der Seele könne man wohl am besten auf Spanisch ausdrücken.

Was danach als dritte Periode kommt, ist eher durch epigonenhafte Vertreter und Kompilatoren sowie durch neue Richtungskämpfe zwischen *contemplativos* und *activos* in den Orden geprägt. Einen Schwanengesang erlebt die spanische Mystik mit der *Guía espiritual* (1675) des in Rom als Seelsorger wirkenden Miguel de Molinos († 1696). 1685 wurde er von der römischen Inquisition verhaftet und zu ewigem Kerker verurteilt. Man beschuldigte ihn des Quietismus, einer mystischen Tendenz des 17. Jahrhunderts, der eine Verwandtschaft mit dem *dejamiento* der *alumbrados* unterstellt wurde. Nicht zuletzt aufgrund einer durch und durch pessimistischen Anthropologie misstraute diese Bewegung der menschlichen Initiative und predigte das völlige Sich-Ausliefern an die Gnade. Der sichere und schnellere Weg zur *unio mystica* ist für sie das innere Gebet der Ruhe. Wenn die Gotteinung erreicht wurde, seien alle anderen Übungen der Frömmigkeit und der Tugend sekundär, ja sogar schädlich. In ethischen Dingen wird ein Indifferentismus vertreten, da der Vollkommene sich jenseits von Gut und Böse befindet und für böse Taten nicht mehr verantwortlich wäre (als sozusagen nur ein passiv handelndes Objekt). Am 20. November 1687 verurteilte das römische Lehramt 68 aus den Briefen Molinos' ausgewählte Sätze, die seitdem als Inbegriff des Quietismus gelten. In der Forschung ist allerdings umstritten, inwieweit diese Sätze wirklich für Molinos stehen, oder ob die römische Inquisition nach der oben erwähnten Methode *in rigore ut iacent* sie aus dem Zusammenhang riss und so den Quietismus konstruierte.

Das spirituelle Aufblühen Spaniens war von Anfang an von gewissen religiösen Pathologien begleitet, die von den seriösen geistlichen Autoren kritisiert und von der Inquisition verfolgt wurden. So finden wir vor allem im Schatten der *alumbrados* und Quietisten die Neigung zu einer laxen Sexualmoral. Diese produzierte unter den (schlechten) Beichtvätern nicht selten *solicitantes*, d. h. Seelenführer, die Frauen zu sexuellen Handlungen drängten. Und unter den *beatas* oder frommen Frauen in der Welt fehlten auch nicht wahre Nymphomaninnen. Ebenso gibt es bei den *contemplativos* in den Klöstern Personen, die „für vier Groschen Betrachtung“ besaßen, wie Johannes vom Kreuz ironisch sagte, und vermeintliche innere Ansprachen als „von Gott kommend“ bezeichneten (2S 29,4.5). Auch Teresa von Ávila widmete der Kritik der Pathologien lange und scharfe Analysen, in denen sie immer vor der krankhaften Melancholie warnt, da sie „die Unterjochung der Vernunft“ (F 7,2) bewirke. Sie ermahnt, sich „durch unkluge Frömmeleien“ (F 7,5) nicht täuschen zu lassen.

Wir können hier nicht ausführlich auf die Unterschiede zwischen asketischer und mystischer Literatur eingehen. In der Askese geht es darum, mit frommen Übungen (damals einschließlich der Selbstkasteiung) in der Beherrschung seiner selbst, der Läuterung und den Tugenden zu wachsen. Die Mystik setzt die Askese voraus und relativiert sie zugleich. Für sie ist der Gedanke der „Vergöttlichung“ (théosis) des Menschen durch Teilhabe an Gottes Sein, also die Einheitserfahrung mit dem Göttlichen grundlegend. Die Voraussetzung dafür ist für das Christentum die Menschwerdung Gottes in Jesus Christus (dazu mehr im zweiten Teil). Die Gotteinung kann nicht asketisch erwirkt werden, denn sie ist ein Gnadengeschenk, das Gott gibt, wem und wann er will. Sie setzt aber das bewusste „Dein Wille geschehe“ des Vaterunsers voraus, d. h. die liebevolle Übergabe unseres Willens in den Willen Gottes, denn es handelt sich um eine „Liebesheirat“. In der mystischen Literatur wird seit Pseudo-Dionysius Areopagita von der Reinigung des Gedächtnisses (via purgativa) und der Erleuchtung des Verstandes (via illuminativa) als Weg zur Gotteinung (via unitiva) gesprochen. Ähnlich wie Martin Luther lehnen aber die großen spanischen Mystiker eine vom Areopagiten und dem Neuplatonismus beeinflusste Stufen- oder Logosmystik ab, die von der Menschwerdung Gottes absieht und meint, mit Hilfe von spekulativen Himmelsleitern „könne sich der Mensch aus eigener Kraft zu Gott emporschwingen. Unsere Leiter kann nur die Menschheit dessen sein, der zu uns herabstieg.“[22] Nur Christus ist die Leiter, „da Christus der Weg ist“[23], schreibt Luther, wie auch Teresa und Johannes vom Kreuz schreiben schreiben werden.

Ein erstaunliches Phänomen

Ein erstaunliches Phänomen dieser schweren Zeiten ist, dass nach den Maßnahmen der Jahre 1558/59, die einem *cordon sanitaire* (M. Bataillon) zum Schutz des katholischen Glaubens gleichkamen, Kultur, Theologie und kirchliches Leben in Spanien eine für die katholische Welt beispielhafte Erneuerung durchmachten. Die Blüte der spanischen Mystik fand unter dem wachsamen Auge der Inquisition statt, die den mystischen Furor der *alumbrados* gebändigt hatte. Die Konfiskation einiger verdächtigter Bücher spiritueller Literatur in der Volkssprache und das Misstrauen von Inquisition und scholastischen Theologen gegen das innere Beten und gegen die Sehnsucht der Frauen nach spiritueller Bildung und Erfahrung wirkten zunächst demoralisierend. Der Jesuit Pedro Navarro schreibt ironisch an seinen General Diego Laínez: „Wir leben in einer Zeit, da man predigt, die Frauen müssten ans Spinnrad und sollten den Rosenkranz beten und dürften sich nicht mit anderen Frömmigkeitsformen befassen."[24] Teresa, die, wie bereits erwähnt, selbst von „schweren Zeiten" (V 33,5) spricht, berichtet im *Buch meines Lebens* (1562 in der ersten Fassung abgeschlossen) von ihrer Traurigkeit, als die Diener der Inquisition zu ihr in die Klosterzelle kamen und aus dem Regal einige Bücher auf Spanisch wegnahmen, die ihr viel Trost gespendet hatten. Aber im selben Augenblick erfuhr sie, wie sie sagt, Trost in der Unmittelbarkeit der mystischen Erfahrung: „Da sagte der Herr zu mir: *Sei nicht betrübt, denn ich werde dir ein lebendiges Buch geben*" (V 26,5). Nach anderen ähnlichen Erfahrungen und begleitet vom Rat guter, studierter Theologen fing sie 1562 an, ihr Programm der Reform des Karmels durch die Gründung einer neuen Form von Klöstern und Ordensleben zu verwirklichen.

Nach den Maßnahmen der Jahre 1558/59 wusste man in Spanien, woran man war. Aber innerhalb der gezogenen Grenzen gab es eine erstaunliche Gestaltungsfreiheit. Dieselben Bücher des geistlichen Modeautors Luis de Granada, die 1559 indiziert wurden, konnten sechs bzw. sieben Jahre später mit geringfügigen Änderungen betreffs des inneren Betens wieder erscheinen! Man kann mit Alain Milhou die Behauptung wagen, dass die Verfasser geistlicher Literatur nicht zu fürchten hatten, bei der Inquisition angeklagt zu werden, „wenn sie bei all ihrem Nachdruck auf dem inneren Gebet auch die

Askese und die ‚Werke' betonten und sich der Liturgie, den Volksandachten und dem mündlichen Gebet gegenüber nicht völlig feindselig zeigten"[25]. Das scholastische Misstrauen gegenüber der geistlichen Literatur in der Volkssprache und dem inneren Beten hielt Teresa von Ávila (und Johannes vom Kreuz) nicht davon ab, ihre mystische Erfahrung in eben dieser Sprache zu beschreiben, das innere Beten zu verteidigen und Kritik an den Missbräuchen ihrer Zeit zu üben, nun eben mit allen möglichen Kautelen.

Teresa unterwirft ihre mystischen Erfahrungen und vielfältigen Unternehmungen der Prüfung und dem Urteil ihrer Beichtväter; sie hebt den Wert liturgischer Handlungen und der volkstümlichen Andachten hervor, versöhnt Marta und Maria, das heißt Werke und Beschauung, mündliches und inneres Beten miteinander, und sie betont gelegentlich ihre Heilsungewissheit. Ihre Werke empfiehlt sie in ihren Vorworten klug dem besseren Urteil der katholischen Kirche. Sie schreibt sie im Auftrag ihrer Beichtväter, die vielfach zu den besten Theologen ihrer Zeit gehörten. Diese verfassten dann Gutachten, in denen sie attestierten, darin nichts Häretisches noch Anstößiges zu finden, sondern eher das Gegenteil – und schützten sie so vor engherzigen Theologen und Inquisitoren. Durch die Kontrolle der Beichtväter hat Teresas Werk vielleicht an Spontaneität verloren, aber an theologischer Tiefe gewonnen. Denn so war sie gezwungen, ihre spirituelle Erfahrung auf den Begriff zu bringen, Intelligenz und Sensibilität, Theologie und Frömmigkeit zu einen. Man könnte es auch so auf die Formel bringen: Teresa hätte an der Spitze einer Frauenbewegung stehen können, aber sie wurde „von Beichtvätern, gebildeten Männern und Inquisitoren ständig beiseite gehalten“, die ihr befahlen zu schreiben, „um sie besser überwachen zu können“[26]. Dennoch ist ihr Leben und Werk von einem weiblichen Selbstbewusstsein durchzogen, das bei vielen Männern ihrer Zeit Anstoß erregte. Teresas Bedauern, sie könne als einfache, schwache Frau nichts tun, die Frauen seien im Allgemeinen ganz schwach und ungebildet, sind kluge, rhetorische Schutzbehauptungen, hinter denen sich das Bewusstsein versteckt, dass sie und ihre Schwestern wie „starke Männer“ zu handeln haben.

Abheben mit gestutzten Flügeln – Frauenmystik in der Frühen Neuzeit

Um 1500 sind die Bedingungen für einen Sprung der Frauen nach vorn in Kirche und Gesellschaft günstiger als im Mittelalter.[27] Individualisierung und Subjektivierung nehmen zu. Dieses neue Selbstbewusstsein zeigt sich z. B. in der Betonung des Ich, der ersten Person, etwa in den Vorreden und Widmungen, die Autoren an die Leser ihrer Bücher oder an ihre Gönner schreiben, und in denen sie über ihre Gründe für die Teilnahme an einer Kontroverse oder zum Verfassen eines literarischen, politischen, historischen, theologischen oder spirituellen Werkes Rechenschaft geben.

Die allgemeine Berufung zur Vollkommenheit in der Nachfolge Jesu, die Verinnerlichung und neue Formen des Betens wie das „innere Beten" ziehen in dieser Zeit profunder religiöser Sehnsucht die spirituell interessierten Menschen unter den sog. *idiotas* oder Laien an, nicht zuletzt die Frauen, die sich vermehrt auf die eigene Erfahrungsautorität berufen. Die Buchdruckpresse ermöglicht zudem die Entstehung einer spirituellen Publizistik im Taschenbuchformat und in den Volkssprachen, die Bildungs- und Lesegewohnheiten breiter Bevölkerungsschichten revolutioniert und den Durst der Frauen nach geistlicher Nahrung stillt.

Aber um 1500 gibt es auch andere Tendenzen, die den traditionellen kirchlichen Misogynismus, d. h. die Betrachtung der Frau als Gefahrenpotential, fördern. 1486 publiziert Heinrich Kramer OP (Institoris) in Speyer seinen *Malleus Maleficarum*

(Hexenhammer) und vertritt darin ein negatives Frauenbild im Allgemeinen, besonders aber in religiösen Dingen: „Ihr von Natur aus geringer Glauben wird [schon] bei der ersten Frau offenbar, da sie der Schlange auf ihre Frage, warum sie nicht von jedem Baum des Paradieses essen würde, sagte: ‚Von jedem [essen wir], nur nicht etc., damit wir nicht etwa sterben', wobei sie zeigt, dass sie zweifle und an die Worte Gottes nicht glaube, was alles auch die Etymologie des Namens demonstriert: es heißt nämlich femina [Frau] von *fe* [= Glaube] und *minus*, weil sie immer geringeren Glauben hat und wahrt, und zwar von Natur aus [...], mag auch infolge der Gnade und der Natur der Glaube in der seligsten Jungfrau niemals gewankt haben, da er doch in allen Männern zur Zeit des Leidens Christi gewankt hatte."[28]

Vergessen wir auch nicht, dass in dieser Zeit – und das ist ein konfessionsübergreifendes Motiv – das Neue Testament als Fundgrube für die Kontrolle und Unterordnung der Frau interpretiert wurde, ganz besonders unter Verweis auf 1 Kor 14,33–34 („Wie es in allen Gemeinden der Heiligen üblich ist, sollen die Frauen in der Versammlung schweigen; es ist ihnen nicht gestattet zu reden. Sie sollen sich unterordnen, wie auch das Gesetz es fordert") und auf 1 Tim 2,11–15 („Eine Frau soll sich still und in aller Unterordnung belehren lassen. Dass eine Frau lehrt, erlaube ich nicht, auch nicht, dass sie über ihren Mann herrscht; sie soll sich still verhalten. Denn zuerst wurde Adam erschaffen, danach Eva. Und nicht Adam wurde verführt, sondern die Frau ließ sich verführen und übertrat das Gebot. Sie wird dadurch gerettet werden, dass sie Kinder zur Welt bringt, wenn sie in Glaube, Liebe und Heiligkeit ein besonnenes Leben führt").

Dazu kommt, dass im Schatten der Konfessionalisierung des abendländischen Christentums Staat und Kirche nach Kontrolle und Regulierung des öffentlichen Raumes wie der Frömmigkeitsübungen im Sinne der jeweiligen Konfessionsorthodoxie streben. Wir haben es also mit einer Hypersensibilität gegenüber heterodoxen Tendenzen zu tun.

Unter diesen Rahmenbedingungen erlebt die Frauenmystik in der Frühen Neuzeit einen Aufbruch, einen Durchbruch und einen Einbruch. Drei Frauen schienen mir hierfür paradigmatisch: María de Cazalla (1487–nach 1534), Teresa von Ávila (1515–1582) und Jeanne Marie Guyon (1648–1717).

Aufbruch: María de Cazalla

María de Cazalla steht für den mystischen Aufbruch im Schatten der sogenannten *alumbrados* in Spanien. Dieser Aufbruch, dem es an der Gabe zur Unterscheidung der Geister und an einer präzisen spirituellen Sprache fehlte, wurde von der Inquisition scharf beobachtet und schließlich im Keim erstickt. María de Cazalla wurde 1487 in Palma del Río bei Córdoba geboren und ist irgendwann nach der Einstellung des Inquisitionsprozesses 1534 gestorben – jedenfalls haben wir danach keine Notiz mehr von ihr. Sie entstammte einer begüterten und gebildeten Familie jüdischer *conversos* (Neuchristen), aus der prominente Köpfe hervorgegangen sind. Ein Bruder, Juan de Cazalla, wurde Bischof mit humanistischen und erasmianischen Tendenzen. Ein Neffe, Agustín de Cazalla, auch „Doktor Cazalla“ genannt, wurde Prediger und Kaplan Karls V. Er war der Kopf des protestantischen Konventikels von Valladolid und wurde nach dem Autodafé von 1559 hingerichtet (erwürgt und verbrannt). María war verheiratet mit Lope de Rueda, einem wohl situierten Bürger aus Guadalajara, mit dem sie sechs Kinder hatte. Phänotypisch ist sie eine spirituell interessierte, verheiratete Frau aus dem mittleren Bürgertum, der beim Prozess unterstellt wurde, das Gedankengut der 1525 mit dem Edikt von Toledo verbotenen *alumbrados* zu vertreten.[29]

Um die *alumbrados* zu verstehen, muss man bedenken, dass die Pflege des inneren Betens Spanien im 16. Jahrhundert zur Hochburg der sogenannten „mystischen Fabel" gemacht hatte.[30] Marcel Bataillon hat geschrieben, dass ganz Spanien „sich dem inneren Beten hingab"[31]. Dieser spirituelle Trend der Zeit hat viele Wurzeln. In Spanien ist zu Beginn des 16. Jahrhunderts außer dem Einfluss des Erasmus und der *devotio moderna* vor allem die breite Wirkung der franziskanischen, der augustinischen und der dominikanischen Spiritualität in der Bewegung des *recogimiento* wichtig. Ihnen gemeinsam ist das Betrachten des inneren Betens als die bessere Gebetsart. So heißt es z. B. bei Girolamo Savonarola OP, der in Spanien bei den Dominikanern eine starke Rezeption erfuhr: „Das innere Gebet ist besser als das mündliche: erstens, weil es die Seele mit Gott verbindet; zweitens, weil das gesprochene Wort wie der Leib ist und das innere Gebet wie die Seele und die Seele kostbarer ist als der Leib; drittens, weil das mündliche Gebet ohne das innere nichts ist [...]. Und darum soll der Mensch mehr mit seinem Innern als mit der Stimme zu beten suchen."[32]

In der ersten Hälfte des 16. Jahrhunderts tobte der Richtungskampf zwischen *recogidos* und *dejados* bzw. *alumbra-*

dos.[33] Das Gedankengut der *alumbrados* kennen wir so gut wie nur aus der Systematisierung bei den Verurteilungsedikten oder den Prozessprotokollen der Inquisition – was auch für ähnliche Fälle der Kirchengeschichte (Gnosis, Donatismus, Katharertum) gilt. Das wichtigste Edikt war jenes von 1525. Darin werden ihnen – viele davon waren *conversos* und Frauen – gewisse Einseitigkeiten und Verzerrungen vorgehalten, wie etwa die Leugnung der Existenz der Hölle, die Relativierung der kirchlichen Praxis (z. B. der Beichte als Institution kirchlichen und nicht göttlichen Rechtes), das *dejamiento*, also dass sie sich dem Willen und der Liebe Gottes anvertrauten, ohne an die Frömmigkeitsübungen oder die Werke der Barmherzigkeit zu denken; die Verachtung der Prozessionen und des Bilderkultes als Götzendienst; ebenso, dass das Gebet nur mental und nicht mündlich sein sollte, dass die Verheirateten beim Geschlechtsakt Gott näher als beim Gebet seien und dass der Ordensstand nicht fromm genug sei; schließlich die Erwartung des Endes der Welt in den nächsten zwölf Jahren.

Die Alarmglocken läuteten bei der Inquisition erneut, als 1532 in Guadalajara das Konventikel von María de Cazalla aufgedeckt wurde. Sie konnte lesen, verstand Lateinisch und hatte auch Kenntnisse in der Theologie, vermutlich durch die Zugehörigkeit zu einer Familie mit hohen kirchlichen Würdenträgern. Sie wurde verhaftet und gefoltert, aber sie verriet dennoch die Mitglieder ihres Zirkels nicht. Die Forschung bescheinigt ihr, eine kluge Verteidigungsstrategie entwickelt zu haben: Sie gab die Nähe zu Erasmus zu, während sie sich von Luther klar distanzierte, dessen Dinge sie immer für „teuflisch und schlecht“ gehalten habe. Das war im Wesentlichen auch die allgemeine Verteidigungsstrategie der *alumbrados*. 1534 kam sie nach der Zahlung von hundert Dukaten mit einer leichten Abschwörungsstufe frei.[34]

Beim Prozess wurde ihr natürlich mit 1 Kor 14,33–34 und 1 Tim 2,11–15 vorgehalten, dass Denken und Reden den Frauen nicht zustünden. Ihr Irrtum liege nicht nur darin, dass sie sich vom Heiligen Geist unmittelbar erleuchtet fühle, sondern dass sie als Frau sich anmaße, die Bibel frei zu lesen, dazu noch in der Volkssprache, und sie unter Freundinnen und Schülerinnen auszulegen bzw. darüber zu predigen. Indem sie sich „das Amt einer Predigerin und Lehrerin" angemaßt habe, „das nur den klugen Ordensmännern" zustehe,[35] habe sie ihre Arroganz und Kühnheit gezeigt. Zeugen der Anklage, die „guten Nachbarn" von nebenan, gaben natürlich zu Protokoll: „Es war eine abscheuliche Sache, dass eine Frau predigte und man dahin ging, sie zu hören."[36]

Als Zeichen ihrer Losgelöstheit (dejamiento) von allen Dingen dieser Welt sagte sie, dass sie bei der Zeugung der Kinder keine Lust gespürt habe und diese nicht mehr liebe als die der Nachbarn. Aber sie sagte auch, dass die Ehe besser als die Jungfräulichkeit im Ordensstand sei, und dass sie beim Geschlechtsakt die Gotteinung gespürt habe. Damit stellte sie – entgegen der herrschenden Meinung – den Ehestand als „Weg der Vollkommenheit" dar. Ihre Kritik, aber nicht radikale Ablehnung der sakramentalen Praxis (Eucharistie und Beichte) und der Frömmigkeitsübungen (Heiligenkult, Wallfahrten), die sie als „jüdische Zeremonien" apostrophierte, oder ihre Ermahnung, dass Gott nicht so sehr in den Tempeln aus Stein, sondern in Geist und Wahrheit überall und in den lebendigen Tempeln gesucht werden sollte – kurz: ihr Ikonoklasmus, ihr Antiklerikalismus und ihr Antiritualismus –, erinnern in der Tat weniger an den damals in Spanien kaum bekannten Luther als an Erasmus. Auch fehlt bei Cazalla jede Fixierung auf die Konkupiszenz (Neigung zur Sünde) oder eine negative Anthropologie.[37] Ihre Empfehlung des inneren Betens liegt im Trend der Zeit. In ihrem Theozentrismus und ihrem *dejamiento* kann man Anklänge der jüdischen und islamischen Mystik sehen, aber genauso von Margarita Porete († 1310) und Meister Eckhart († Anfang 1328). Ihre Aussage wiederum, dass es wichtiger sei, die Gottheit Jesu zu betrachten als seine Menschheit und Leidensgeschichte, die sie ohnehin nicht verstehe, zeugt von mangelnder spiritueller Unterscheidungsgabe.

Die Forschung über die *alumbrados* ist aufgrund der schwierigen Quellenlage ein offenes Feld, in das noch viele Furchen zu ziehen sind. Aber zumindest diese Hypothese lässt sich über María de Cazalla aufstellen: Ihr wurde der Prozess auch gemacht, *erstens*, weil Gesellschaft und Kirche auf den mystischen Aufbruch der Frauen nicht vorbereitet waren; *zweitens* und nicht zuletzt, weil sie phänotypisch eine Provokation war: eine verheiratete Frau und Mutter, die die Schrift las und anderen auslegte, die sozial verfasste Kirche kritisierte, das innere Beten verabsolutierte und darüber hinaus die Ehe als Weg zur *unio mystica* lobte.

Als der Prozess gegen María de Cazalla eingestellt wurde, stand Teresa im 20. Lebensjahr und vor dem Eintritt ins Kloster der Menschwerdung. Wir wissen nicht, was sie davon mitbekam. Aber es ist davon auszugehen, dass diese Dinge in der Luft lagen. Als Teresa 1562 *Das Buch meines Lebens* in der ersten Fassung abschloss und ihre Ordensreform zu verwirklichen begann, musste sie nicht nur das Problem der *alumbrados* und den Streit zwischen *recogimiento* und *dejamiento* bedenken, sondern auch die wachsenden Vorbehalte gegen das innere Beten und die Frauen, die in den 1550er-Jahren das geistige Klima Spaniens geprägt hatten und sich nach den Autodafés von 1559 gegen die Kryptoprotestanten in Sevilla und Valladolid mit den darauf folgenden Maßnahmen der Inquisition zu einem regelrechten „Wahn" steigerten.

Aufgrund der Ermutigung von oben in der Unmittelbarkeit ihrer mystischen Erfahrung, die Teresa immer wieder in entscheidenden Phasen ihres Lebens spürte (vgl. u. a. V 26,5 und V 33,14), ließ sie sich in jenen „schweren Zeiten" (V 33,5) nicht abhalten, ihren Weg der Ordensreform entschlossen und klug zugleich zu gehen. Aber sie musste in Kauf nehmen, dass sie als Frau Anstoß erregte. In einem Brief vom 4. Oktober 1578 schreibt sie, sie wisse, dass sie als „ein herumvagabundierendes und unruhiges Weib" verschrien sei (Ct 269,3). Der Nuntius Filippo Sega hatte sie in der Tat so bezeichnet, als „ein unruhiges, herumvagabundierendes, ungehorsames und verstocktes Weibsbild, das unter dem Vorwand von Frömmigkeit falsche Lehren erfand, und gegen die Anordnung des Konzils von Trient und der Oberen die Klausur verließ, und wie eine Lehrmeisterin andere belehrte, ganz gegen das, was der hl. Paulus lehrte, als er anordnete, dass Frauen nicht lehren sollen."[38]

Dass wir bei Teresa dennoch von einem Durchbruch der Frauenmystik sprechen können, hängt mit folgenden Faktoren zusammen, die ihre kirchliche „Domestizierung" begünstigten:

Sie lässt sich von klugen Beichtvätern beraten, die gutes Urteilsvermögen, geistliche Erfahrung und theologisches Wissen besaßen (vgl. V 13,16). Von ihnen, die sie mit ihrer Autorität und Gutachten vor der Inquisition schützten, lässt sie sich „befehlen", ihre geistige Erfahrung niederzuschreiben. Teresa schreibt also „kraft des Gehorsams" und hält in ihren Vorworten die gebotene kirchliche Unterordnung ausdrücklich fest: „Wenn ich etwas sagen sollte, was nicht mit dem übereinstimmt, was die heilige römisch-katholische Kirche lehrt, so geschieht das aus Unwissenheit und nicht aus Bosheit; das darf man für sicher halten, ebenso auch, dass ich durch Gottes Güte ihr immer unterworfen bin" (M, Vorwort 3).

Sie vermeidet apodiktische Aussagen im Streit über das innere und das mündliche Beten. Sie hält Ersteres für die Grundform des Betens. Aber sie empfiehlt beide Gebetsformen (vgl. 1M 1,7) und lehrt ihre Schwestern, wie sie etwa beim Vaterunser und dem Ave-Maria – den Rosenkranzgebeten, die nach Ansicht mancher Theologen für die Frauen reichten (vgl. CE 35,2) – mündliches und inneres Beten verbinden können.

Im Streit über *recogimiento* und *dejamiento* lobt sie die Gelassenheit, aber sie hält ihre „Heilsungewissheit" fest und vernachlässigt nicht die Betonung der kirchlichen Vermittlung in Sakramenten und Riten sowie der Werke der Nächstenliebe.

Und sie ist phänotypisch nicht eine verheiratete Frau und Mutter, sondern eine Ordensfrau, die sich der Kontrolle des Klerus unterstellt. Sie entspricht somit der Rolle, die für fromme Frauen in der Kirche reserviert war.

Zu Teresas Durchbruch gehört aber auch, dass wir bei ihr Anklänge an den gescheiterten Aufbruch der María de Cazalla sowie eine Kritik an den Fesseln, die Kirche und Gesellschaft den Frauen anlegten, finden: Teresa geht nicht so weit wie María de Cazalla, den ehelichen Geschlechtsakt als vorzüglichen Weg zur *unio mystica* zu preisen; aber sie gibt zu verstehen, dass man auch in den Geschäften der Welt den Weg der Vollkommenheit gehen könne, und sie spricht vom „Sakrament der Ehe" als Sinnbild für die geistliche Verlobung, weil sie, „auch wenn es ein plumper Vergleich sein mag" (5M 4,3), keinen besseren findet – bevor sie in der siebten Wohnung zwischen Verlobung und Vermählung unterscheidet und für Letztere auf andere Metaphern zurückgreift: „Hier ist es aber, wie wenn Wasser vom Himmel in einen Fluss oder eine Quelle fällt, wo alles zu einem Wasser wird, so dass man es nicht wieder aufteilen oder voneinander trennen kann, was nun Flusswasser ist oder vom Himmel fiel" (7M 2,4).

Teresa predigt nicht in Konventikeln außerhalb der Kontrolle des Klerus und nimmt schließlich die verschärften Klausurbestimmungen des Trienter Konzils in Kauf, die Papst Pius V. 1566 mit der Apostolischen Konstitution *Circa pastoralis* erließ; aber sie organisiert ihre Klöster wie Zirkel mit weitgehender weiblicher Autonomie und bedauert, dass sie und ihre Schwestern „weder lehren noch predigen" (7M 4,14) durften, ja, dass die Frauen „eingepfercht" wurden, weil sie für unfähig gehalten wurden, in der Welt apostolisch zu wirken, „oder es nur zu wagen, ein paar Wahrheiten auszusprechen“ (CE 4,1). Sie wusste dabei, dass der Herr „ein gerechter Richter“ ist, „und nicht wie die Richter dieser Welt, die Söhne Adams und schließlich lauter Männer sind und bei denen es keine Tugend einer Frau gibt, die sie nicht für verdächtig halten“ (CE 4,1). Angesichts der Rolle als Untergebene des Mannes, die auf eine verheiratete Frau wartete, preist Teresa ihre Klöster als fröhliche Freiheitsinseln an: „Schaut, von welcher Unterordnung ihr euch befreit habt, Schwestern!“ (CV 26,4; vgl. auch F 31,46).

Eine der subtilsten Anspielungen im Werk Teresas ist die auf den herrschenden theologischen Misogynismus, wie er im oben zitierten *Hexenhammer* zum Ausdruck kommt. Während es darin heißt, dass die Frau von Natur aus „*immer geringeren Glauben* hat“ als der Mann, lässt Teresa mit diesem Stoßgebet aufhorchen: „Du, Herr meiner Seele, dir hat vor den Frauen nicht gegraut, [...] du hast sie immer mit großem Mitgefühl bevorzugt und hast bei ihnen genauso viel Liebe *und mehr Glauben* gefunden als bei den Männern“ (CE 4,1; H.M.D.).

Dass die Inquisition diese und die anderen zitierten Stellen aus CE 4,1 zensurierte, spricht für das Verständnis der Worte Teresas als unerhörte Kritik am herrschenden Frauen- und Männerbild. Hätte sie geschrieben, dass der Herr bei den Frauen „mehr Liebe und genauso viel Glauben“ als bei den Männern gefunden hat, wäre sie vermutlich weniger anstößig gewesen als mit der offenkundiger Umkehrung der Behauptung im *Hexenhammer*, die in der bisherigen Forschung kaum bemerkt worden ist, obwohl die Textkritik deutlich dafür sprechen würde. Wir müssen davon ausgehen, dass

Teresa, jedenfalls bis 1559, mehr Bücher gelesen hat, als sie gelegentlich erwähnt.

Eine so selbstbewusste Frau als Ordensreformerin und spirituelle Autorin war sehr gewöhnungsbedürftig, ja begründungspflichtig. Im Vorwort zur Erstausgabe ihrer Schriften 1588 (zu Lebzeiten durfte Teresa nichts publizieren) musste der Augustiner und Salamanca-Professor Luis de León (1527–1591) ein rhetorisches Kunststück vollbringen, um Teresas Lehrautorität als „Frau“ zu verteidigen. Zunächst schickt er voraus, es sei sonst nicht Sache einer Frau zu lehren, „sondern belehrt zu werden, wie der Apostel Paulus schreibt“. Dann bezeichnet er es als „etwas ganz Neues und Unerhörtes“, ja als List Gottes zur besonderen Demütigung und Beschämung des Teufels, dass gerade „eine arme und einsame Frau [...] so weise und geschickt“ die Ordensreform vorangetrieben und dabei die Herzen aller gewonnen habe. Anschließend bescheinigt er Teresa höchste Lehrautorität: „Ich halte für sicher, dass an vielen Stellen der Heilige Geist aus ihr spricht, der ihr Hand und Feder führte.“[39] Besondere Hervorhebung verdient bei Luis de León – wohlwissend, dass dies bei den kirchlichen Behörden der Hauptpunkt sein dürfte – Teresas Skepsis gegenüber den inneren Offenbarungen sowie ihre Lehre, dass wir uns nicht von ihnen leiten lassen sollen, „sondern unser Leben ausrichten nach der Lehre der Kirche und nach dem, was Gott in der Heiligen Schrift offenbart hat“[40].

Der Dominikaner Alonso de la Fuente, der Spürhund der Inquisition gegenüber den *alumbrados* in der Extremadura (1570–1582), zeigte am 12. Oktober 1589 die Schriften Teresas beim Inquisitionsrat mit den Worten an: „Und wenn diese

Nonne wirklich heilig ist [...], so konnte sie nicht die Autorin dieses Buches sein [...]; dieses dürfte eher das Werk einiger Ketzer sein, die es ihr zugeschrieben haben, um es schönzufärben."[41] Aber De la Fuente wurde kein Gehör geschenkt. Teresa, die in den letzten Jahren ihres Lebens im Ruf der Heiligkeit stand (und nicht zuletzt von Philipp II. protegiert wurde), hatte den Durchbruch geschafft!

Nach der Heiligsprechung 1622 werden Teresas Schriften in der gesamten katholischen Welt erst recht zum Bestseller. Sie wird verherrlicht und von den besten Künstlern der Zeit dargestellt (u. a. von Velázquez, Rubens, Murillo, Zurbarán, Gregorio Fernández, Bernini ...). Einerseits wird ihr dabei der Stachel gezogen; aber andererseits wird sie zu einer Lehrautorität, auf die sich andere Frauen berufen können, um über geistliche Dinge reden und schreiben zu können. So z. B. Juana Inés de la Cruz Ende des 17. Jahrhunderts in Mexiko: Als 1690/91 der Bischof von Puebla das Recht und die Fähigkeit der Frauen dazu grundsätzlich bezweifelt, da gemäß dem Pauluswort die Frauen nicht lehren dürfen und im Stillen lernen sollten, hebt sie u. a. auch das Lehrbeispiel Teresas hervor: „[...] ich wünschte, diese Interpreten und Exegeten des heiligen Paulus würden mir erklären, wie sie dies verstehen: ‚Lasset die Frauen schweigen in der Gemeinde' [1 Kor 14,34]. Entweder verstehen sie darunter konkret Kanzel und Pult oder allgemein die Kirche als Gesamtheit der Gläubigen. Wenn sie das erstere meinen [...] – warum tadeln sie dann diejenigen, die privat Studien betreiben? Wenn sie das Verbot des Apostels im übertragenen Sinne verstehen, dass es den Frauen nämlich nicht einmal erlaubt ist, privat zu schreiben oder zu studieren – wieso hat dann die Kirche einer Gertrude, einer Teresa, einer Brigida, der Klosterfrau von Agreda und vielen anderen erlaubt zu schreiben?"[42]

Pius XI. lehnte 1923 einen Vorschlag zur Erhebung Teresas zur Kirchenlehrerin mit den Worten „obstat sexus" (das Geschlecht steht dem im Wege) ab; und Paul VI. fühlte sich am 27. September 1970 bei einer solchen Erhebung als erste Frau in der Kirchengeschichte noch bemüßigt, pädagogisch ähnlich vorzugehen wie Luis de León 1588. Er betonte nämlich, dieser Akt geschehe nicht ohne Erinnerung an das strenge Wort des heiligen Paulus, dass „die Frauen in der Versammlung schweigen" sollen, ein Wort, das weiterhin gültig bleibe, weil die Frauen keine hierarchischen Weiheämter bekleiden dürfen.[43]

Wir können nicht wissen, was Teresa heute dazu sagen würde, wohl aber die ermutigenden Worte abschließend zitieren, die sie 1571 vom Herrn vernahm, als sie mit Bezug auf den Apostel Paulus von Klerus und Theologen immer wieder in die Schranken gewiesen wurde: „Mir schien dann, dass wohl das der Wille Gottes sei, was der hl. Paulus über die Zurückgezogenheit der Frauen sagt (Tit 2,5) – was man mir vor kurzem gesagt hatte und ich auch früher schon gehört hatte. Da sagte er mir: ‚Sag ihnen, dass sie nicht nur auf einem Text der Schrift herumreiten, sondern auch andere anschauen sollen, und ob sie mir denn die Hände binden könnten'" (CC 16).

Einbruch: Jeanne Marie Guyon

Madame Guyon, wie die französische Mystikerin aus dem Bürgertum zur Zeit des Sonnenkönigs von den Zeitgenossen gemeinhin genannt wurde, steht phänotypisch wiederum María de Cazalla näher als Teresa von Ávila. Sie ist gebildet, verheiratet und vielfache Mutter, auch wenn sie keine glückliche Ehe führte und mit 28 bereits verwitwet war; sie liest die Heilige Schrift, legt sie aus, schreibt Werke über ihre mystische Erfahrung und das innere Beten und wird von vielen Laien und einigen von ihr beeindruckten Klerikern als ihre spirituelle Lehrmeisterin betrachtet, die sie manchmal in Konventikeln lehrte. Dass sie seitens des Klerus allgemein mit einem hartnäckigen Misstrauen zu tun hatte, hängt aber nicht nur mit ihrem Phänotyp zusammen, sondern mit Stil und Inhalt ihrer Schriften sowie mit dem ungünstigen Zeitrahmen, der die ihr unterstellte Nähe zur „mystischen Sprache" (le langage des mystiques) des 1687 von Innozenz XI. verurteilten „Quietismus" des spanischen Priesters Miguel de Molinos begünstigte.

Dass Mme Guyon gelegentlich fragwürdig wird, hat für viele Autoren „mehr mit dem Ausdruck als mit dem Inhalt zu tun"[44], aber man darf den Inhalt nicht gering schätzen. Sprache *und* Inhalt, so z. B. in ihrem berühmtesten Werk, *Moyen court et très facile de faire oraison* (1685), sind, wie Marie-Louise Gondal geschrieben hat, von einer „simplicité subversive"[45]. Dazu kommt, dass Mme Guyon sich auserwählt fühlte, eine neue Ära der Erlösung einzuführen: „Das französische Wortspiel ‚une innocente' (eine Unschuldige, eine Naive) drückt beides aus. Ihre Qualitäten und Defizite."[46]

Mme Guyon schreibt für die „Kleinen, die großartiger oder studierter Dinge nicht fähig sind, die aber sich ganz ehrlich und einfach Gott hingeben möchten"[47]. Sie bezeichnet Jesus Christus als „das große Buch, innen und außen geschrieben", das diejenigen, die nicht lesen können, „alles" lehren werde.[48] Das innere Beten definiert sie als „Erhebung des Herzens zu

Gott und die innere Übung der Liebe"[49], wozu jeder fähig sei, vor allem die Kleinen und Einfältigen. Diesen will sie eine Gebetsform beibringen, die sie jederzeit üben können, und dieses ist nichts anderes als das Vaterunser, wenn jede einzelne Bitte innerlich von einer Bewegung des Herzens und einer kleinen Meditation begleitet wird. Die einfachen Menschen sollen nicht beladen werden mit einer exzessiven Anzahl von Vaterunser und Ave-Maria: „Ein einziges Vaterunser in der von mir gerade beschriebenen Art wird große Früchte tragen."[50] Den Pastoren und Predigern empfiehlt sie, Katechismen zu verfassen, die weniger auf Diskurs und Methode setzen, sondern „ein Beten mit dem Herzen und nicht mit dem Kopf, ein Beten des Geistes Gottes und nicht eine Erfindung des Menschen" lehren.[51]

Mme Guyon spricht nicht von Quietismus oder *dejamiento*, und wenn sie mit solchen Vorwürfen konfrontiert wird, sagt sie, dass sie den Namen Molinos noch nie gehört habe. Aber ihre Sprache, der es an der teresianischen Präzisierung fehlt, nährt die Hermeneutik des Verdachts. Neben der Simplizität ist z. B. das totale Sich-Gott-Übergeben (l'abandon) ein zentraler Begriff ihrer spirituellen Erfahrung. Und sie versteht *l'abandon* „als ein Aufgeben aller Sorge um uns selber, um sich gänzlich von Gott führen zu lassen. Alle Christen sind eingeladen, sich Gott zu übergeben."[52] „Ohne Passivität und Simplizität kann man mit Gott nicht geeint sein."[53] Bei ihrem Tod 1717 murmelte sie die Worte „rien, rien, rien ..." (nichts, nichts, nichts ...), die Johannes vom Kreuz auf dem Gipfel des Berges Karmel schreibt. Nicht zuletzt aus dem Grund wird sie von Jean Baruzi zu den besten französischen Kennern des spanischen Mystikers im 17. Jahrhundert gezählt.[54] Aber die Unterscheidung des Zusammenspiels von

Aktivität und Passivität (aktive und passive Nacht) auf dem Weg zur Gotteinung, die Teresa von Ávila und vor allem Johannes vom Kreuz geleistet hatten, erfährt hier eine Reduktion, die angesichts der Quietismuskrise zumindest klärungsbedürftig war.

Die genannten Verdachtsmomente wurden durch ihren Phänotyp bestärkt, wie die heutige Forschung hervorhebt.[55] Es genüge hier, uns auf Bossuet zu konzentrieren, in dessen *Relation sur le quiétisme* (1698) nicht nur die Nähe von Mme Guyon zu „le langage des mystiques“ (d. h. der „Quietisten“ Miguel de Molinos, Juan Falconi de Bustamante und François Malaval)[56] immer wieder thematisiert wird, sondern auch, dass sie als lehrende Frau eine große Gefahr darstelle: „Man muss die Gläubigen vor der noch existierenden Verführung warnen: eine Frau, die fähig ist, die Seelen durch solche Illusionen zu täuschen, muss bekannt sein, vor allem weil sie Bewunderer und Verteidiger findet.“[57] Bossuet sieht durch Mme Guyon den ganzen Glauben in Häresie-Gefahr, denn ihre Lehre bedrohe „die ganze Christenheit“, ja „die ganze Erde“ und „das gesamte Universum“[58].

Für Bossuet, wie für die anderen Kritiker von Mme Guyon, den Kartäusergeneral Innocent Le Masson und den Jansenisten Pierre Nicole, ist sie offenbar ein „weiblicher Rivale“[59] um die spirituelle Deutungshoheit geworden. Als „Prinzessin“ hätte man ihre „Schmeicheleien“ geduldet, als (kontrollierte) „Ordensfrau“ hätte sie „keine große Gefahr“ dargestellt, als „Heilige“ wäre sie ihrer Autorität dienlich gewesen: „Aber als Frau im Laienstand entging ihre Bedrohung jeder Kontrolle.“[60] Mit ihrer Simplizität wirkte sie, wie Le Masson sagte, wie „ein Gift, das das Herz erreicht, ohne dass man es merkt“[61].

Bossuet, Le Masson und Nicole standen nicht allein da. Einige Jahrzehnte später hat ein Aufklärer wie Voltaire gegenüber Mme Guyon seine „Verachtung der Frau“ noch deutlicher ausgedrückt. Für ihn war sie „ehrgeizig und verführerisch“. Er nennt sie „eine Frau, eine Frau ohne jede Glaubwürdigkeit, ohne wahren Geist, und die nichts als eine überhitzte Phantasie hatte“ bzw. „eine Frau, die fast immer von ihrer Phantasie getrieben war“[62].

Ohne die praktische Klugheit, ohne die spirituelle Unterscheidungsgabe und ohne den Phänotyp der Teresa von Ávila bleibt Mme Guyon im Schatten der Quietismuskrise – ähnlich wie schon María de Cazalla im Schatten der Alumbradokrise 1534 – nichts anderes übrig, als am 28. August 1696 eine „Unterwerfungsakte“ zu unterschreiben, die ihr der „moderate“ Louis Tronson, Oberer der Sulpizianer, nach Rücksprache mit Bossuet vorgelegt hatte. Und die Unterwerfung ist total:

„Ich verdamme auch, ohne jede Einschränkung, meine Bücher [...]. Ich unterschreibe mit absoluter Unterwerfung die Interpretation durch die Bischöfe von Paris und Meaux, weil ich die Bedeutung dieser Begriffe ignoriere, weil diese Prälaten darüber vollkommen informiert sind und weil es ihnen obliegt zu entscheiden, was nicht nur der Lehre, sondern auch der Sprache der Kirche entspricht und was der natürlichste Sinn eines jeden Ausdrucks ist [...]. Ich erkläre, dass ich all das verabscheue, was man Konventikel, Sekte, Neuheit, Partei nennt [...], dass ich verabscheue [...] die Lehre, die Moral und die falsche Spiritualität von denen, die man Quietisten genannt hat [...]. Ich bekenne und verspreche, dass ich künftig kein Buch, keine Schrift und kein Traktat über Frömmigkeit schreiben werde und dass ich mich in keiner Weise in das Verhalten und die spirituelle Führung anderer Personen einmischen werde [...]. Schließlich bekenne ich, dass ich mich künftig dem Verhalten und den Regeln demütig unterwerfe, die der Bischof von Paris mir zu verschreiben vermag [...] und dass ich mich niemals von dem entfernen werde, was er meint, dass Gott von mir verlangt. Ich bin der Reue voll und sehr bedrückt, weil ich durch meine Bücher Anlass für den Lärm und die Skandale gegeben habe, die darüber in der Welt entstanden sind; und ich bin fest entschlossen, künftig die von dem Apostel festgelegte Ordnung einzuhalten: *dass die Frau lerne in der Stille* (1 Tim 2,11). So wahr mir Gott und diese heiligen Evangelien helfen."[63]

Der Leidensweg von Mme Guyon, die seit 1695 gefangen gehalten wurde (zunächst in der Festung Vincennes und dann in einem Kloster), endete nicht mit dieser Erklärung. Denn von 1698 bis 1703 war sie, quasi als Staatsfeind, in der Bastille.

Es ist verständlich, dass nach dieser Verurteilung die meisten Schüler von Madame Guyon außerhalb der katholischen Kirche zu suchen sind, nicht zuletzt im Umkreis des Pietismus. Nicht etwa, weil hier damals das Wort des Apostels über die Frauen anders interpretiert worden wäre, sondern weil die Protestanten im Gnadenprimat und im *l'abandon* bei den Quietisten und bei Madame Guyon Anklänge der eigenen spirituellen Identität zu finden meinten.[64]

„Dass mir die Flügel herunterfallen"

Wir sprachen oben von den günstigen und ungünstigen Bedingungen für Frauen in Kirche und Gesellschaft zu Beginn der Frühen Neuzeit. Ein Abheben mit gestutzten Flügeln ist immer eine wacklige Angelegenheit und führt zum Absturz nach einem kurzen Flug. Das mussten María de Cazalla und Jeanne Marie Guyon bitter erfahren. Teresa von Ávila blieb am Boden und machte aus den gegebenen Rahmenbedingungen das Beste, wie sie uns immer wieder zeigt, so z. B. in V 10,8, einem Text, den sie an den Dominikaner García de Toledo richtet und in dem sie die von den Frauen zu erwartende Unterwerfung und Demut bekundet, damit sie doch ihr Werk schreiben kann: „Im Übrigen reicht es schon, Frau zu sein, *dass mir die Flügel herunterfallen*, um wieviel mehr noch Frau und erbärmlich. Was also mehr wäre als nur einfach der Bericht über mein Leben, das behalten Euer Gnaden für sich – denn Ihr habt mich ja so sehr bedrängt, eine Darstellung der Gnadenerweise zu geben, die mir Gott beim inneren Beten schenkt –, wenn es nur mit den Wahrheiten unseres heiligen katholischen Glaubens übereinstimmt, und wenn nicht, dann verbrennen es Euer Gnaden sogleich; da unterwerfe ich mich. *Und so werde ich sagen, was ich erlebe*" (H.M.D.).

Ja, auch Teresa hat sich – klug und prophylaktisch – unterworfen, entsprechend den damaligen Rahmenbedingungen in Kirche und Gesellschaft. Indem sie ihre Werke dem Urteil der Theologen und der Kirche freiwillig unterstellte, erkämpfte sie sich zugleich trotz der gestutzten Flügel die nötige Schreib- und Wirkungsfreiheit in jenen „schweren Zeiten". Dass sie damit auch die kirchliche, barocke „Domestizierung" ihrer Person und ihres Werkes ermöglichte, ist die logische Folge davon. Aber für intelligente Leser, die zwischen den Zeilen zu lesen vermögen, bleibt sie ein Stachel in Kirche und Gesellschaft ihrer und unserer Zeit.

„Das nenne ich“ – Teresas Lehramt

Wir sahen oben, wie der Salamanca-Theologe Luis de León im Vorwort der ersten Ausgabe der Werke Teresas 1588 ein rhetorisches Kunststück vollbrachte, um ihr Lehrautorität zu bescheinigen. Teresa, so Luis de León, bringe immer wieder „Licht in dunkle Sachen“ des geistlichen Lebens.[65]

Mir scheint, dass Teresas „Lehramt“ vor allem dort durchschimmert, wo sie sich selbstbewusst auf die eigene Erfahrung beruft und in der Ich-Form spricht. Und es betrifft m. E. nicht nur den erwähnten Beitrag zur Klarstellung „dunkler Sachen“ des geistlichen Lebens, sondern auch ihr kluges Verhalten als (Ordens-)Frau in Kirche und Gesellschaft in den „schweren Zeiten“ (V 33,5), in denen sie lebte; nicht zuletzt gilt dies auch für ihre Sprache als literarische Schöpfung.

„Obwohl ich so bin, wie ich bin“

Die erste Lehre, die wir aus Teresa ziehen können, richtet sich an die Frauen in der Kirche. Denn ihre Sehnsucht, dass Frauen „lehren und predigen“ dürfen, ist noch nicht ganz erfüllt. Daher wäre ihr Rat heute: nicht verzagen oder verbittern, weil die Kirche noch nicht so weit ist, sondern das Beste daraus machen und sich Freiräume klug erkämpfen! Derselbe Luis de León, der 1588 Teresa höchste Lehrautorität bescheinigte, weil er von ihren Schriften letztlich begeistert war, hatte 1583 in seinem Buch *La perfecta casada* (die vollkommene Ehefrau), einer Art Ehefrauenspiegel, das Frauenbild seiner Zeit verteidigt. Darin sagt er über die Frauen u. a.: „Es gehört sich, dass alle sich des Schweigens rühmen, sowohl diejenigen, denen es gut stünde, ihr geringes Wissen damit zu verbergen, als auch diejenigen, die ohne Scham offenbaren könnten, was sie wissen.“[66] Ähnliches galt in der Kirche: „Die höchsten Kirchenvertreter wollten die Frauen daran hindern, wenn nicht zu denken, so mindestens, dass sie ihre Meinung laut und öffentlich äußern, und noch weniger schriftlich.“[67]

Das tut natürlich auch Luther. Selbst wenn wir von seinen polternden Sprüchen in den *Tischreden* absehen, muss man feststellen, dass seine Sicht der Frau als Ehefrau und als Christin eher konventionell war. Die Frau sei von Gott dazu geschaffen, „Kinder zu gebären, die Männer zu erfreuen, barmherzig zu sein“[68]. Seine Frau Katharina bezeichnet er nicht ohne Ironie „als eine kluge Frau und Doktorin“[69] bzw. als „sehr beredt“, dass sie ihn fast übertreffe. Aber im selben Augenblick fügt er hinzu: „Aber die Beredsamkeit bei Frauen ist nicht zu loben. Für sie ziemte es sich vielmehr, nur zu stammeln und zu lallen; das stünde ihnen wohl besser an.“[70] Dies und eine ähnliche Sentenz – „Es ist kein Rock, der einer Frau oder Jungfrau so übel ansteht, als wenn sie klug sein will“[71] – entsprechen dem biblischen Befund und den Ehefrauenspiegeln in der Zeit. Luther erlaubt das Lehren der Frauen daheim, sofern sie „ihre Männer fragen“ (1 Kor 14,35): „Aber in der Gemeinde oder Kirche, wo das Predigtamt ist, sollen sie schweigen und nicht predigen. Sonst können sie wohl mit beten, singen, loben und Amen sprechen, und daheim lesen, und sich untereinander lehren, vermahnen, trösten, auch die Schrift auslegen, so gut sie es immer können.“[72]

Teresa hat die Lehren aus ihren „schweren Zeiten“ gezogen und praktizierte die „Kunst der Verstellung“ in frommer Absicht. Sie war eine gebildete Frau, ja, gebildeter als man gemeinhin annimmt (die Forschung hat hier noch ein weites Feld vor sich), aber zugleich können wir sie mit dem französischen Historiker Joseph Pérez betrachten als „ein bewundernswertes und wahrscheinlich einzigartiges Beispiel für eine gebildete Frau, die dies geistreich verbirgt, um mit den Vorurteilen ihrer Zeitgenossen leben zu können“[73]. Als die leidenschaftliche Schriftstellerin, die sie war, tut sie dies mit einigen literarischen Kunstgriffen. Dazu gehört, dass sie manchmal wichtige theologische Begriffe falsch schreibt, wie vom Hörensagen oder wie eine Volksfrau: etwa *ilesia* statt *yglesia/iglesia,* und *teuologia mistica* statt *theologia mystica.* Ebenso falsch zitiert sie die Bibel auf Latein: „Domine da miqui aguan“ statt „Domine, da mihi aquam“ („Herr, gib mir dieses Wasser!“: Joh 4,15 – V 30,19), obwohl sie diese Worte eigentlich gut und auswendig kennen müsste, weil es sich um eine ihrer Lieblingsstellen handelte. Durch ihren mündlichen Stil inszeniert sich Teresa als quasi ungebildete Frau.

Ebenso gehört dazu die demütige Betonung ihrer *conditio humana* als „Frau“. Mit der immer wieder benutzten Redewendung „obwohl ich so bin, wie ich bin“ bemüht sie einerseits sehr gekonnt eine „Rhetorik der Weiblichkeit“[74], während sie andererseits für intelligente Leser zu verstehen gibt, dass sie, statt die Flügel einzuziehen, es gerne anders hätte. So etwa, wenn sie in ihrer Autobiographie von ihrer Gebetserfahrung spricht und diese in die ganze Welt hinausschreien möchte: „O mein Herr! Wenn du mich in die Lage versetztest, das hinauszuschreien, würde man es mir nicht glauben, wie man es vielen antut, die es noch ganz anders auszudrücken vermögen als ich; aber zumindest empfände ich Genugtuung. [...]. Aber *obwohl ich so bin, wie ich bin*, überkommen mich so heftige Antriebe, um den Machthabern das zu sagen, dass es mich zerreißt. Wenn ich dann nicht mehr kann, wende ich mich an dich, mein Herr, um dich für alles um Abhilfe zu bitten" (V 21,2; H.M.D.). Anderswo zeigt sich Teresa von ihrer Gebetserfahrung so überzeugt, dass sie, „*obwohl ich nur die bin, die ich bin*", „am liebsten laut aufschreien und [...] mit denen disputieren [würde], die behaupten, dass inneres Beten nicht erforderlich sei. Gewiss erkenne ich daran, dass ihr euch nicht auskennt und nicht wisst, was inneres Beten ist, ja nicht einmal, wie man das mündliche zu verrichten hat, und auch nicht, was Kontemplation ist" (CE 37,2; H.M.D.).

Diese Ausdrucksform ist als „Rhetorik der Weiblichkeit" oder Kunst der Verstellung in frommer Absicht zu verstehen. Denn Teresa kann darüber schreiben und im Kreis ihrer Schwestern lehren, ja sie „belehrt" selbstbewusst zwischen den Zeilen auch die Theologen, die sie begleiten und kontrollieren, von denen sie dank ihrer natürlichen Sympathie erreicht, dass sie letztlich tun, was sie will, dabei aber glauben, dass sie es mit einer armen, einfachen Frau zu tun haben, die auf ihren Rat angewiesen ist. Einige wenige Beispiele mögen hier genügen.

Wir sahen, wie Teresa in V 10,8 sich an den Dominikaner García de Toledo wendet und die von den Frauen zu erwartende Unterwerfung und Demut bekundet, damit sie doch ihr Werk schreiben kann: „Da unterwerfe ich mich. *Und so werde ich sagen, was ich erlebe*" (H.M.D.). Und an einer anderen Stelle schreibt sie, dass sie sich zwar irren mag, „aber nicht lügen, denn durch Gottes Erbarmen nähme ich lieber tausend Tode auf mich; *ich sage das, was ich verstehe*" (4M 2,7; H.M.D.). Diese Berufung auf die eigene Erfahrung ist ein Merkmal der mystischen Literatur im Allgemeinen. Bei Teresa aber als Frau im 16. Jahrhundert ist es nicht nur Ausdruck der Subjektivität des Renaissance-Menschen oder der Wahrhaftigkeit ihres Berichts wie bei Zeugenaussagen vor Gericht, sondern auch von Selbstbewusstsein. Mit diesen rhetorischen Floskeln erreichte Teresa trotz der gestutzten Flügel ein Doppeltes: einerseits „in Freiheit" zu schreiben, andererseits ihre Reform in jenen „schweren Zeiten" zu retten.

Anderswo wendet sie sich allgemein an die studierten Theologen mit unverkennbarer Ironie: „Mehr richten hier ein paar Strohhälmchen aus, die in Demut aufgelegt werden (und wenn wir sie auflegen, werden sie noch weniger als Halme sein), und die tragen mehr dazu bei, das Fünklein zu entzünden, als viele unserer Meinung nach sehr gelehrte Holzscheite von Begründungen zusammen, die es schon in einem *Credo* ersticken würden. Dies passt für die Gelehrten, die mich beauftragen, dies zu schreiben; denn durch Gottes Güte gelangen alle bis hierher, und es könnte ja sein, dass ihnen die ganze Zeit mit der Anwendung von Schriftstellen vergeht. Auch wenn es die Wissenschaft bei ihnen vorher und nachher nicht an Nutzen fehlen lassen wird, so gibt es in diesen Zeiten des inneren Betens meines Erachtens nur wenig Bedarf dafür, höchstens um den Willen mit seinen Empfindungen lau werden zu lassen. Das Erkenntnisvermögen befindet sich dann nämlich, weil es sich dem Licht so nahe weiß, in einer so großen Klarheit, dass sogar ich, *obwohl ich doch die bin, die ich bin,* mir wie eine andere vorkomme" (V 15,7; H.M.D.).

Ein anderes Beispiel dafür, wie Teresa es versteht, die widrige Situation der Frauen so günstig wie möglich zu gestalten, betrifft die Art und Weise, wie sie einerseits das Frauenbild ihrer Zeit kritisiert und andererseits ihren Schwestern beibringt, wie sie das mündliche Beten des *Vaterunser* mit innerem Beten begleiten könnten. Bevor er, ähnlich wie Luis de León, von Teresa „eingenommen wurde", beklagte der Salamanca-Professor Bartolomé de Medina OP, der Vater des moralischen „Probabilismus", in Anspielung auf Teresa und ihre Gefährtinnen, dass es einfache Frauen (mujercillas) gebe, die von Stadt zu Stadt gehen, obwohl sie am besten zu Hause beim Rosenkranz und Spinnrad bleiben sollten.[75] Ein Echo dieses Zeitgeistes sowie die kluge, von einer feinen Ironie geprägten Reaktion Teresas finden wir in CE 35,2: „Um nun aber zu denen zurückzukehren, die von diesem Wasser des Lebens trinken und den Weg gehen möchten, bis sie zur Quelle selbst vorstoßen, wie die also beginnen sollen, dazu sage ich [...], dass viel, ja alles an einer großen und ganz entschlossenen Entschlossenheit [sic] gelegen ist, um nicht Halt zu machen, bis man zur Quelle vorstößt, komme, was da kommen mag, passiere, was passieren mag, sei die Mühe so groß, wie sie sein mag, lästere, wer da lästern mag, mag ich dort ankommen, mag ich unterwegs sterben oder nicht beherzt genug sein für die Mühen, die es auf dem Weg gibt, ja mag die Welt untergehen; wie so oft, heißt es dann: ‚Da drohen Gefahren', ‚Lieschen Müller ist auf diesem Weg ins Verderben gestürzt', ‚Hinz ist einer Täuschung verfallen', ‚Kunz, mit seinen vielen Gebeten, ist gefallen', ‚das schadet der Tugend', ‚das ist nichts für Frauen, denn da kommen ihnen Illusionen', ‚die sollen lieber spinnen', ‚solche Leckerbissen brauchen die nicht', ‚es reicht das *Vaterunser* und das *Ave-Maria*'".

Und nach dieser kritischen Anspielung auf den Zeitgeist macht Teresa das Beste daraus: „Das sage ich allerdings auch, Schwestern: Und ob das reicht! Es ist immer etwas sehr Gutes, euer inneres Beten auf Gebete zu gründen, die von solchen Mündern gesprochen wurden. In diesem Punkt haben sie Recht, denn wenn unsere Schwäche nicht so schwach und unsere Frömmigkeit nicht so lau wäre, bräuchte es keine weiteren Gebetstexte, und es bräuchte auch keine weiteren Bücher, noch wären andere Gebete erforderlich“ (CE 35,3). Es folgen 30 mystagogische Kapitel über die Verbindung vom mündlichen und inneren Beten beim Vaterunser. Wenn man diese Vaterunser-Auslegung mit denen Luthers vergleicht, so fällt auf, dass Teresa etwa bei den Bitten „Dein Wille geschehe“, „Dein Reich komme“ oder „Unser tägliches Brot gib uns heute“ den mystischen Weg präsent hat, während Luther immer wieder an das ihm teure Schema von Gebet, Meditation und Anfechtung (oratio, meditatio, tentatio) denkt und es in seinem Sinne anwendet. Daher wird in seinen Vaterunser-Auslegungen empfohlen, Gott nicht nur um Schutz gegen den Teufel zu bitten, sondern auch um Zerstörung und Vertilgung der „Abgötterei und Ketzerei des Türken, des Papstes und aller falschen Lehrer oder Sektengeister“[76]. Schon bei der anfänglichen Ermahnung ist der mystische rote Faden bei Teresa deutlich: „Also, miteinander, ganz nah bei eurem Lehrmeister, fest entschlossen, von ihm zu lernen, was er euch beibringt, und Seine Majestät wird bewirken, dass ihr es nicht versäumt, zu guten Schülerinnen zu werden, und er wird euch nicht aufgeben, wenn ihr ihn nicht aufgebt. Achtet auf die Worte, die dieser göttliche Mund zu euch spricht, denn gleich am ersten werdet ihr die Liebe ablesen, die er zu euch hat“ (CE 43,4). Es geht darum, zu beten wie der Herr und sich von ihm selbst belehren zu lassen.

„Ich weiß von einer Person“

Eine zweite Lehre Teresas betrifft die Art und Weise, wie sie aus der Alltagssprache und -metaphorik ein allgemein verständliches Instrument zur Mitteilung ihrer mystischen Erfahrung macht, abseits von den Technizismen und Formalismen der scholastischen Sprache. Sie beherrscht die Kunst, ihre Erfahrung so zu versprachlichen, dass sowohl die gelehrten Theologen wie die einfachen Laienchristen oder die nur literarisch und psychologisch Interessierten großen Nutzen aus ihrem spirituellen Weg ziehen können. Aber ihre Sprache ist auch „Literatur“ im wahrsten Sinne des Wortes. Das will heißen, dass Teresa als eine „Schriftstellerin“ ernst zu nehmen ist, die sich der Topik, des Schreibstils und der Kunstgriffe der Literatur ihrer Zeit kreativ bedient.

Ihre Warnung vor der Melancholie oder ihre Kritik an spirituellen Pathologien leitet Teresa immer wieder mit der Bemerkung ein: *„Ich weiß von einer Person“* (u. a. 1M 2,2) – und meint damit doch sich selber. Mit dieser Anonymisierung ihrer eigenen Erfahrung wirkt sie beim Leser überzeugender, als wenn sie immer nur direkt von sich reden würde. Denn man hat den Eindruck, dass dies, was sie da berichtet und analysiert, auch in unserer Nähe passieren könnte. Das ist es, was die Literaturwissenschaftler „Sprache der Nähe“, wie in den mündlichen Erzählungen, gegenüber der „Sprache der Distanz“ oder der Schriftlichkeit nennen.[77]

„Das nenne ich“

Am interessantesten ist Teresas Lehramt dort, wo sie Licht in jene Bereiche des geistlichen Lebens bringt, die seit den *alumbrados* umstritten waren. Hier zeigt sich, dass Teresa wirklich die drei Gnaden empfangen hat, von denen sie selbstbewusst berichtet: „Denn ein Gnadengeschenk ist es, wenn der Herr die Gnade schenkt, ein weiteres, zu verstehen, was für eine Gnade und welcher Segen das ist, und noch ein weiteres, sie beschreiben und verständlich machen zu können, von welcher Art sie ist“ (V 17,5). Teresa wusste, dass im mystischen Erkenntnisvorgang Erfahren, Verstehen und Beschreiben zusammenhängen, und zeigt dabei nicht nur eine begnadete Sprachbegabung, sondern auch einen scharfen analytischen Verstand, verbunden mit der Entschlossenheit, sich gewisse Grundprinzipien ihrer Erfahrung nicht ausreden zu lassen.

Die *alumbrados* neigten dazu, es sei nochmals betont, in Jesus Christus ein allen direkt zugängliches, lebendiges Buch zu sehen, das innere Beten zu verabsolutieren, die kontemplative Betrachtung der Gottheit Christi bzw. eine bildlose Theozentrik anzustreben und die gegenständliche Meditation über dessen Menschsein und Leidensgeschichte zu relativieren. Wenn man am Ende des Weges angekommen sei, brauche man nicht nur keine Kirchengesetze mehr, sondern auch kein Beten und keine gegenständliche Meditation. Einige geistliche Autoren der *recogidos* (etwa die Franziskaner Francisco de Osuna oder Bernardino de Laredo) waren der Meinung, dass im Verlauf des mystischen Weges eine Phase erreicht werden könne, in der die Meditation „über die Geheimnisse der allerheiligsten Menschheit unseres Herrn Jesus Christus" (6M 7,5) nicht mehr nötig sei. Nun, Teresa spricht vom Herrn als lebendigem Buch, aber die Mittel, um darin lesen zu können, sind das aufmerksame (innere) Beten und die Meditation seiner „heiligsten Menschheit" auf der Grundlage des Glaubens der Kirche. Gerade in diesen Fragen beansprucht Teresa selbstbewusst aufgrund ihrer Erfahrung eine Lehrautorität – und sie erklärt sich bereit, mit den Theologen und geistlichen Autoren ihrer Zeit zu disputieren, weil der Herr sich ihr als „lebendiges Buch" gezeigt hat.

Erstmals spürte sie es im Zusammenhang mit der Konfiskation von geistlichen Büchern in der Volksprache, die Großinquisitor Fernando de Valdés in seinem Index von 1559 angeordnet hatte. Diese Bücher konnte sie nun nicht mehr lesen, „weil man sie nur noch auf Latein zuließ. Da sagte der Herr zu mir: *Sei nicht betrübt, denn ich werde dir ein lebendiges Buch geben.* Ich konnte nicht verstehen", schreibt Teresa dazu, „warum mir das gesagt worden war, denn damals hatte ich noch keine Visionen. Nachher aber, nur ganz wenige Tage später, verstand ich es sehr wohl, denn da fand ich in dem, was ich vor mir sah, so viel zum Nachdenken und zur Sammlung, und der Herr erwies mir so viel Liebe, um mich auf vielfältigste Weise zu unterweisen, dass ich nur mehr ganz wenig oder gar keinen Bedarf an Büchern hatte. *Seine Majestät war das wahre Buch, in dem ich die Wahrheiten sah*" (V 26,5; H.M.D.).

Teresas Erfahrung des Herrn als „lebendiges Buch" ist ein typisch weiblicher Zugang zur Schrift in der Frauenmystik dieser Zeit, weil die katholische Kirche die Lektüre der Bibel in der Volkssprache verboten hatte. Dem entspricht, dass bei Teresa vielleicht deutlicher als bei Luthers *Sola scriptu-*

ra ein wichtiger Grundzug des Christentums durchschimmert, der in unserer Zeit besonders relevant sein dürfte: Das Christentum ist keine reine Schriftreligion. Gottes Wort ist in der Nacht zu Betlehem nicht als „Schrift" vom Himmel hinabgestiegen wie der Koran in der Nacht al-Qadr (Sure 97). Für Christen ist das Wort in Jesus Christus Fleisch/Mensch geworden. Er ist das lebendige Wort Gottes und teilt es den Seinen selbst unmittelbar mit, wenn seine Kirche den Zugang zur Heiligen Schrift mit Schranken versieht.

„Seine Majestät", „der Herr" bzw. „unser guter Freund", wie Teresa Jesus Christus in dieser untrennbaren Einheit von Vertrautheit und Respekt nennt, die wir bei den Kindern Israels – nicht zuletzt beim guten Milchmann Tevje im Musical *Anatevka* – finden, ist Teresa zum lebendigen Buch geworden, aber vor allem so, wie er auf Erden weilte, in seiner Menschwerdung „für uns", „für mich", „für Teresa". Darauf ist ihr inneres Beten orientiert.

Wenn sie es in genialer Einfachheit definiert „als Verweilen bei einem Freund, mit dem wir oft allein zusammenkommen, einfach um bei ihm zu sein, weil wir sicher wissen, dass er uns liebt" (V 8,5), so meint sie damit, dass wir nicht vergessen, was er aus Liebe „für uns" auf sich genommen hat, und dass wir ihm nicht zuletzt im Garten Getsemani „Gesellschaft" leisten als Ausdruck unserer Freundschaft, aber im Bewusstsein der Verwandtschaft und des Unterschiedes zwischen IHM und uns. Das ist es, was sie am Anfang der *Wohnungen der inneren Burg* meint: „Denn ein Beten, das nicht darauf achtet, mit wem man spricht und was man erbittet, wer der Bittsteller ist und von wem er es erbittet, *das nenne ich* kein Gebet, auch wenn man dabei noch so sehr die Lippen bewegt" (1M 1,7; H.M.D.).

Zur Zeit Teresas rang man um die Unterscheidung zwischen dem, was heute gegenständliche und ungegenständliche Meditation genannt wird. Teresas Beitrag besteht einerseits in der grundsätzlichen Betonung, dass es beim inneren Beten nicht darum geht, „viel zu denken, sondern viel zu lieben" (4M 1,7). Andererseits protestiert sie energisch gegen das Aufgeben oder das Relativieren der Betrachtung der „heiligsten Menschheit" Jesu in irgendeiner Phase des spirituellen Weges: „Und schaut, ich wage sogar zu sagen, dass ihr jemandem, der euch auch etwas anderes sagt, nicht glauben sollt" (6M 7,5).

Teresa verweist auf Jesus als den Weg zum Vater (Joh 14,6) und das Licht (Joh 8,12) und die Wahrheit, „die nicht lügen kann" (6M 10,5). Sie betont, dass wir mit ihm „in einer zu guten Gesellschaft" sind (6M 7,13), und dass wir mit der gegenständlichen Betrachtung seines Lebens nicht aufhören sollten: „Ich glaube, damit ist klar geworden, wie wichtig es ist – mögen sie noch so spirituell sein –, dass man vor Gegenständlichem nicht flieht oder sogar meint, die heiligste Menschheit würde Schaden anrichten. Dazu verweisen sie auf das, was der Herr zu seinen Jüngern sagte, dass es gut sei, dass er weggehe (Joh 16,7). So etwas kann ich nicht ausstehen! Denn – verflixt noch mal! – zu seiner heiligsten Mutter hat er das nicht gesagt, da sie im Glauben fest stand, denn sie wusste, dass er Gott und Mensch war. [...] Ich sage euch, Töchter, dass ich es für einen gefährlichen Weg halte, und dass der Böse daherkommen und bewirken könnte, dass man die Verehrung für das Allerheiligste Sakrament verliert" (6M 7,14). Teresa weiß aufgrund der Alumbradokrise, wohin eine vom Geheimnis der Menschwerdung losgelöste Theozentrik führen kann.

Daher empfiehlt sie nachdrücklich die Meditation des Lebens Jesu und sagt uns, mit Anklängen an die *Geistlichen Übungen* des Ignatius von Loyola, was sie unter Meditation versteht: „Meditation *nenne ich* ein ausführliches Nachsinnen mit dem Verstand, und zwar so: Wir fangen an, über die Gnade nachzudenken, die uns Gott erwiesen hat, indem er uns seinen einzigen Sohn schenkt, bleiben aber nicht dabei stehen, sondern gehen weiter zu den Geheimnissen seines ganzen glorreichen Lebens; oder wir beginnen mit dem Gebet im Garten und es hört der Verstand nicht auf, bis er ans Keuz geschlagen ist; oder wir nehmen eine Station der Leidensgeschichte – sagen wir etwa die Gefangennahme – und begeben uns in dieses Geheimnis, indem wir in allen Einzelheiten die Dinge betrachten, die es da zu überdenken und zu erspüren gibt, sowohl das mit dem Verrat des Judas wie der Flucht der Apostel und alles Weitere. Das ist ein wunderbares und sehr verdienstvolles Gebet" (6M 7,10; H.M.D.).

Aber das ist, wie Ulrich Dobhan geschrieben hat, „nur ein Vorschlag", und die Betonung liegt bei Teresa alles in allem nicht auf dem diskursiven Nachsinnen über einzelne Betrachtungsthemen, „sondern auf der Beziehung zu Christus und dem schlichten, zweckfreien ‚Anschauen' Christi, der uns auch anschaut" (vgl. V 13,22): „Und damit das leichter fällt, ermutigt sie zur freien Themenwahl je nach Gemütslage des konkreten Menschen und besteht in keiner Weise auf einem rigiden Schema, wie es damals üblich war."[78]

Erst im Verlauf des 17. Jahrhunderts entwickelt sich eine Sprachregelung, die zwischen der gegenständlichen und der ungegenständlichen Meditation deutlich unterscheidet. Ein Ausdruck davon ist das Werk *Guía espiritual* (1675) des Miguel de Molinos. Darin wird das (ungegenständliche) Ruhegebet definiert als „ein Offensein für die ewige Wahrheit, ein Einfach-da-Sein und Geschehenlassen". Das betrachtende Nachsinnen (die diskursive Meditation) über das Leben Jesu kann hilfreich sein, aber es ist von der im Gebet der Ruhe anzustrebenden „Theozentrik" verschieden: „Wenn auch vielen Menschen der irdische Jesus zum höchsten Weg und Vermittler aller Gnaden und Gaben geworden ist, so besteht doch zwischen diesem kontemplativen Weg und dem Gebet der Ruhe ein Unterschied. Während des Ruhegebetes richtet sich der Betende auf das höchste Gut aus: Gott, der gleichzeitig Vater, Sohn und Heiliger Geist ist, Jesus Christus hat als Mensch und Gottes Sohn seinen irdischen Weg durch die Passion und das Kreuz vollendet. Er wurde erhöht und ist beim Vater in der ewigen Herrlichkeit."[79] Molinos hat die Konsequenzen aus einem theozentrischen spirituellen Trend gezogen, der bei den *alumbrados* ansetzt und bei einigen *recogidos* des 16. und 17. Jahrhunderts zu finden ist. Er hat aber den „Protest" Teresas gegen das Aufgeben oder das Relativieren der Christozentrik, der Betrachtung der „heiligsten Menschheit" Jesu, in irgendeiner Phase des spirituellen Weges ignoriert.

Teresa von Jesus

Ist das innere Beten als Ausdruck der Freundschaft mit Jesus und Meditation seiner Menschwerdung „für uns" der Dreh- und Angelpunkt von Teresas Lehramt, so darf man andere Aspekte nicht gering schätzen. Bei der Erhebung zur ersten Kirchenlehrerin nannte Paul VI. sie „einzigartig in der Kontemplation und unermüdlich in der Aktion“[80]. In der Tat gehört die Entschlossenheit (determinación), mit der sie zum Beispiel ins Kloster eintritt, immer konsequenter den Weg der *conformatio* und der Nachfolge Jesu geht und ihre Ordensreform kraftvoll anpackt, nachdem sie diese als Gottes Willen erkannt hat, zu den prägenden Merkmalen Teresas. Sie hat Jesu Einladung angenommen, sich seinem nichtdrückenden Joch und seiner leichten Last (Mt 11,28.30) anzuvertrauen; sie hat sich entschlossen, seine zärtliche Liebe zu erwidern und ermutigt uns ebenfalls zu einem solchen Entschluss (vgl. V 11,15), den wir nie bedauern werden, gibt Gott doch „schon in diesem Leben hundert zu eins“ (V 22,15; vgl. MC 4,8). Ihren Schwestern empfiehlt sie auf dem Weg des inneren Betens pleonastisch eine „sehr entschlossene Entschlossenheit“ (muy determinada determinación: CE 35,2). Mit einer biblisch geerdeten Spiritualität sieht sie in der Nächstenliebe den besten Ausdruck der Gottesliebe.

Zu ihrem Lehramt gehört auch die Weisheit, mit der sie Demut (humildad) und Geduld (paciencia) als Grundtugenden des geistlichen Lebens immer wieder empfiehlt, oder die Klugheit, mit der sie vor den Pathologien desselben warnt, außergewöhnliche Phänomene (wie etwa Visionen und Auditionen, Verzückungen, Ekstasen und Entrückungen) relativiert und mit beißender Ironie sowie sprachlicher Genialität zwischen „Arrobamientos“ (Verzückungen) und „Abobamientos“ (Verdummungen) unterscheidet (4M 3,11).

Nicht zuletzt gehört zu Teresas Lehramt die Gelassenheit oder große Zuversicht, mit der sie jede Trübsal überwindet und sich bei Gott geborgen fühlt. Sie weiß, dass er bei ihr Wohnung genommen hat und „nicht weggehen wird“, dass er sie „nie im Stich lassen wird“ (7M 1,8), dass es sich lohnt, nur in ihm den „verborgenen Schatz“ und die „besonders wertvolle Perle“ (Mt 13,44–46) zu sehen: *sólo Dios basta*. Aber Teresas *solus Deus* schließt immer das *solus Jesus* (Christus) ein. Auf ihn, den sie als guten Hirten erfahren hatte, der uns mit seinem „zarten Pfeifen“ (4M 3,2) mitten im Alltag zum inneren Beten und einem „Leben in Fülle“ (Joh 10,10) einlädt, richtete sich ihre brennende Sehnsucht. Sie wusste, dass diese nur nach Überschreiten der letzten Schwelle in Erfüllung gehen kann (Ex 33,20). Daher machte sie sich dieses Liebeslied aus dem Volk in göttlicher Wendung zu eigen:

„Dich mögen meine Augen sehen
süßen, guten Jesus,
Dich mögen meine Augen sehen,
ich mag alsbald sterben.“[81]

Drei Phasen der Rezeption

Man kann von drei großen Phasen oder Etappen der teresianischen Forschung sprechen. Die erste reicht von der Erstpublikation ihrer Werke durch Luis de León OSA 1588 bis zum Zweiten Vatikanum (1965) und ist von der „Entführung“ Teresas durch die barocke Literatur und Spiritualität geprägt, was auch ihre kirchliche „Domestizierung“ zur gehorsamen Nonne und das Verschweigen ihrer Sehnsucht bedeutet, in der Welt apostolisch zu wirken, als Frau „predigen und lehren“ (7M 4,14) zu dürfen, „oder es nur zu wagen, ein paar Wahrheiten auszusprechen“ (CE 4,1). Die zweite Phase wurde von der Konzilsrezeption und der Erhebung zur Kirchenlehrerin 1970 angestoßen und kulminiert in der Feier ihres 400. Todestages 1982 mit der Publikation der Akten eines Kongresses, der den Durchbruch der „interdisziplinären" Teresa-Forschung darstellt. In den Studien aus dieser Phase wird Teresa einerseits als eine in der Schrift und ihrem Zeitkontext verwurzelte Lehrmeisterin des inneren Betens hervorgehoben; andererseits gewinnt die theologische Dimension ihres Werkes – nicht nur in der Spiritualität, sondern auch z. B. in der Moraltheologie und der Dogmatik – ein bisher ungeahntes Gewicht; und schließlich wird die theologische Forschung von der allgemeinhistorischen, philologischen, philosophischen, psychologischen und Mystik vergleichenden Forschung bereichert. Die dritte Phase, die etwa 2007 ansetzt, aber auch mit der Empfehlung Teresas als Lehrmeisterin des Gebets zur Erneuerung der christlichen Gemeinden durch Papst Johannes Paul II. in seinem Apostolischen Schreiben *Novo Millennio Ineunte* (6. Januar 2001, Nr. 33) datiert werden könnte, ist geprägt von der Sogwirkung ihres 500. Geburtstags. Sie setzt fort, vertieft und erweitert die interdisziplinäre Wende und die theologischen Akzente der zweiten Phase unter besonderer Berücksichtigung der „Erfahrungsdimension" wie der Kontextualität und Bedeutung Teresas als „Frau" in der Nachfolge Jesu sowie ihrer großen Aktualität jenseits der barocken Domestizierung. Es handelt sich in gewisser Hinsicht um eine Neuentdeckung Teresas als „Kirchenreformerin", nicht nur als Ordensgründerin, sondern als Pionierin des für alle Christen möglichen Weges der Vollkommenheit durch die von ihr gelebte Praxis des inneren Betens.

Zweiter Teil

Der Verstehenshorizont

„Christliche" Mystik

Oft wird Teresas mystischer Weg dem klassischen Schema von *via purgativa* (Reinigungsweg), *via illuminativa* (Erleuchtungsweg) und *via unitiva* (Einungsweg) zugeordnet. Ich denke, dass wir ihr und ihrer neuen spirituellen Sprache besser gerecht werden, wenn wir ihre Erfahrung als Weg von der *humilitas* (Demut als Anerkennung der *conditio humana* im Lichte des Glaubens) über die *conformatio* bzw. *transformatio* (Verwandlung oder Christusförmigkeit, wozu unser Beitrag vor allem das innere Beten ist) zur *actio* (Nachfolge Jesu als neuer Mensch und Mitarbeit an der Verwandlung/Christusförmigkeit von Kirche und Welt) verstehen. So gesehen hätten wir bei ihr – wenn wir von der Fülle an außergewöhnlichen Phänomenen wie Visionen, Auditionen, Ekstasen und Entrückungen absehen, mit denen sie beschenkt und beglückt, aber manchmal auch verwirrt wurde, und die nicht notwendig zur mystischen Erfahrung gehören – den christlichen Weg zu Gott schlechthin, „der die für alle normative Gotterfahrung enthält"[82]. Gerade dies macht sie wirklich zu einer „Kirchenlehrerin".

Teresa wusste, dass im mystischen Erkenntnisvorgang Erfahren, Verstehen und Beschreiben zusammenhängen: „Denn ein Gnadengeschenk ist es, wenn der Herr die Gnade schenkt, ein weiteres, zu verstehen, was für eine Gnade und welcher Segen das ist, und noch ein weiteres, sie beschreiben und verständlich machen zu können, von welcher Art sie ist" (V 17,5). Mystische Texte sind eher solche, deren Autoren diese drei „Gnaden" empfangen haben. Der Kern mystischer Erfahrung ist uns nicht zugänglich, sondern nur deren Versprachlichung vor dem Hintergrund der Glaubenstradition bzw. der Religionslogik oder des „Verstehenshorizonts“ der jeweiligen Mystiker.

Jenseits der Feststellung, dass die Mystiker aller Religionen sich einer paradoxalen Sprache und einer quasi archetypischen Metaphorik (Licht und Dunkel, Feuer und Wärme, Friede und Mitleid, Ruhe und Gelassenheit, Einheit der Geliebten, Weite und Enge, Wissen im Nichtwissen, nicht begriffliches Verstehen) bedienen, lässt sich die Frage nach der gemeinsamen Mitte der mystischen Erfahrung letztlich nicht beantworten. Hingegen lässt sich mit Gershom Scholem sagen, „dass es ja Mystik als solche, als ein Phänomen oder eine Anschauung, die unabhängig von anderem in sich selber besteht, in der Religionsgeschichte im Grunde gar nicht gibt“[83]. Anschließend hält er fest: „Es gibt nicht Mystik an sich, sondern Mystik *von* etwas, Mystik einer bestimmten religiösen Form: Mystik des Christentums, Mystik des Islams, Mystik des Judentums und dergleichen. Gewiss, es steckt etwas Einheitliches in diesen mannigfachen historischen Phänomenen. Dies Einheitliche, dies ‚Objekt‘ aller Mystik, zeigt sich eben in der Analyse der persönlichen Erfahrung der Mystiker. Aber es ist der modernen Zeit vorbehalten geblieben, so etwas wie eine abstrakte Religion der Mystik überhaupt zu erfinden.“[84]

Man muss bedenken, dass auch in der Mystik das Sein das Bewusstsein bestimmt, also dass das religiöse Vorverständnis das Verstehen und das Beschreiben bedingt. Denn religiöse Erfahrung ist immer „interpretierte Erfahrung“ vor dem Hintergrund der eigenen Religionslogik, des Verstehenshorizonts oder des Wirklichkeitsmodells. „Heil erfahren ist Erfahrung und Interpretation zusammen“[85], und zwar in einem dialektischen Geschehen: „Die Erfahrung beeinflusst dabei die Interpretation und ruft sie hervor, aber auch die Interpretation beeinflusst die Erfahrung [...] Wir erfahren interpretierend, ohne dass wir dabei das Moment der Erfahrung und das Moment der Interpretation säuberlich voneinander trennen können.“[86] Die moderne Erfahrungstheorie bestätigt im Grunde die oben zitierte Rede von den drei „Gnaden“ (Erfahren, Verstehen, Beschreiben), die Autoren mystischer Texte eigen sind. Das will aber auch heißen, dass die philologische Mystikforschung kombiniert sein müsste mit der (mystischen) Theologie der jeweiligen Religionen – wenn sie in die Tiefe vordringen möchte.

Das Christentum hat ein eigenes Heilsnarrativ, das den Verstehenshorizont mystischer Erfahrung bildet. Im „religiösen“ 16. Jahrhundert, zur Hochzeit der sogenannten „mystischen Fabel“[87] (Michel de Certeau), gehörte es zum Allgemeinwissen. Johannes vom Kreuz (P 1) hat dies meisterhaft in seinen „Romanzen“[88] ausgedrückt, die eine Art „Laienbibel“ in Versform darstellen: Die Dreifaltigkeit wird mit der Trinitätstheologie des Hugo von St. Viktor als Liebesgemeinschaft verstanden, die Schöpfung ist Ausdruck der Dynamik der göttlichen Liebe nach außen, wobei der Mensch als Braut des Sohnes geschaffen wurde, ihm ähnlich (Bild Gottes), damit wir ihn lieben können:

> „Da sie dir also sehr ähnelt,
> auch zu dir wird sie gut passen“.

So lässt Johannes vom Kreuz Gottvater zum Sohn sprechen. Der geniale Michelangelo hat dies im berühmten Fresko der

Sixtinischen Kapelle festgehalten, in dem Gott und Adam einander berühren wollen, wobei die Dynamik, die Bewegung der Liebe von Gott ausgeht. Die Menschwerdung ist eine Neuschöpfung, mit der der Sohn den Menschen als seine gefallene Braut zur ursprünglichen Würde wieder erhebt und ihm seinerseits im Fleisch ähnlich wird – gemäß dem Gesetz der Liebe:

„Soll die Liebe sein vollkommen,
das Gesetz ist einzuhalten:
äußerst ähnlich muss dann werden
der Geliebten wer sie liebe,
denn je ähnlicher sie werden,
desto mehr sie Freude haben."

Und dabei passt sich Gott jedem Menschen an: „Denn Gott führt jeden auf unterschiedlichen Wegen" (LB 3,59), so dass es so viele Wege zu Gott gibt, wie es Menschen gibt. Oder mit den Worten Teresas: „Da er Herr ist, bringt er die Freiheit mit, und da er uns liebt, passt er sich unserem Maß an" (CE 48,3). Johannes vom Kreuz hat das auf diese prägnante Formel gebracht: „Wenn die Menschenseele Gott sucht, so sucht sie ihr Geliebter noch viel dringlicher" (LB 3,28). Gott, der uns erschaffen hat, hat uns zuerst geliebt (vgl. Joh 15,16), gesucht (buscado), berührt (tocado), und verwundet (herido, llagado) mit dem natürlichen Verlangen nach ihm, schon im Mutterleib, wie der Psalm 139,13 sagt. Mit anderen Worten: Es geht im Christentum um das zarte Liebeswerben eines Gottes, der, weil er die immer sprudelnde Quelle der Liebe und der Gnade ist, die Initiative ergriffen hat, als guter Hirt bei uns zu wohnen und mit unendlicher Geduld und Barmherzigkeit auf die freiwillige Hingabe unserer Liebe zu warten. Denn als sein Ebenbild sind wir zur Freiheit und zur „Liebesheirat" mit ihm berufen! In *Evangelii gaudium* hat Papst Franziskus neuerdings dieses christliche Narrativ eindrücklich in Erinnerung gebracht.[89]

Ebenso hatte dies das Zweite Vatikanische Konzil in seinem zentralen mystischen Text getan, wenn es in *Gaudium et spes* 22 heißt: „Denn er, der Sohn Gottes, hat sich in seiner Menschwerdung gewissermaßen mit jedem Menschen vereinigt". Das Konzil betont weiter: „Das gilt nicht nur für die Christgläubigen, sondern für alle Menschen guten Willens, in deren Herzen die Gnade unsichtbar wirkt. Da nämlich Christus für alle gestorben ist und da es in Wahrheit nur eine letzte Berufung des Menschen gibt, die göttliche, müssen wir festhalten, dass der Heilige Geist allen die Möglichkeit anbietet, diesem österlichen Geheimnis in einer Gott bekannten Weise verbunden zu sein." Das Heilsnarrativ des Christentums und die darauf basierende Erfahrung der Mystiker führen in die Universalität und Weite der Erlösung (Allversöhnung) hinein, da für alle Menschen gilt: dass der Sohn Gottes in seiner Menschwerdung sich mit uns vereinigt hat, dass die letzte Berufung des Menschen die göttliche ist, die Christusförmigkeit, und dass diese allen Menschen geheimnisvoll möglich ist – nicht zuletzt auch dank der Wirkung der Kirche als „Heilszeichen" durch ihr Zeugnis für Christus als „Licht der Welt", das sie so selbstverständlich widerspiegeln sollte wie der Mond das Sonnenlicht. Johannes vom Kreuz hat in einem Gedicht (P 4) von der Quelle göttlicher Gnade geschrieben, dass diese auch die Hölle erreicht:

„Ich weiß, gewaltig strömen ihre Fluten,
dass sie bewässern Hölle, Himmel, Völker,
auch wenn es Nacht ist.“[90]

Für christliche Mystik ist der Gedanke der „Vergöttlichung“ (théosis) des Menschen durch Teilhabe an Gottes Sein grundlegend. Johannes vom Kreuz hat es auf den Punkt gebracht: „Was Gott beansprucht, ist, uns zu Göttern durch Teilhabe zu machen, wie er es von Natur aus ist, so wie das Feuer alle Dinge in Feuer verwandelt“ (D 106; vgl. u. a. auch CB 39,6 und 2N 20,5). Mag dieser zentrale Gedanke der Vätertheologie (Athanasios, Gregor von Nyssa, Pseudo-Dionysius Areopagita) formell durch den Neuplatonismus beeinflusst worden sein: Durch die Menschwerdung und die Lehre von der hypostatischen Union der zwei Naturen in Jesus Christus hat er eine genuin christliche Prägung erhalten, die für die christliche Mystik von zentraler Bedeutung ist. So verweist Johannes vom Kreuz ausdrücklich auf die Korrelation zwischen der hypostatischen Union „der menschlichen Natur mit dem göttlichen Wort“ und der „Vereinigung der Menschen in Gott“ (8C 7,3). Bei der Menschwerdung findet „der wunderbare Tausch“ statt, von dem die Vätertheologie sprach und den Johannes vom Kreuz in seinen Romanzen so ausdrückt:

„Dann die Menschen plötzlich sangen,
und die Engel musizierten,
weil sie feierten die Hochzeit,
die von beiden dort vollzogen;
aber Gott in seiner Krippe
weinen und auch seufzen musste,

denn das waren die Juwelen,
die sein' Braut zur Hochzeit brachte;
und die Mutter musste staunen,
als sie diesen Tausch betrachtet':
wie im Gott des Menschen Weinen,
Gottes Freud' im Menschen wurde,
was dem einen wie dem andren
äußerst fremd bisher erschienen".

Vor diesem theandrischen und christologischen Hintergrund sind die Verse in der 5. Strophe des Gedichtes „Die dunkle Nacht" des Johannes vom Kreuz (P 5) verständlich:

„O Nacht, die du geführt hast,
o Nacht, voll Liebreiz mehr als Morgenröte!
O Nacht, die du verbunden
Geliebten und Geliebte,
Geliebte dem Geliebten gleichgestaltet!"[91]

Johannes vom Kreuz und Teresa von Ávila haben die *conformatio* als Liebesvereinigung mit Gott erfahren, aber sie beschreiben dies, wie es dem christlichen Sprachspiel entspricht: Indem sich der Geliebte in der Menschwerdung der Nacht zu Bethlehem mit der Geliebten (der menschlichen Natur) vereinigte, ermöglichte er die Gleichgestaltung dieser mit dem Geliebten. Nicht zuletzt aus diesem Grund spielt die Betrachtung des Menschgewordenen bei Teresa eine so zentrale Rolle. Sie und Johannes vom Kreuz drücken den wunderbaren Tausch der *théosis* mit dem Stilmittel des Chiasmus aus, wie dies auch im Hohelied der Fall ist:

„Ich bin meines Geliebten
mein Geliebter ist mein“ (Hld 6,3).[92]

Ihre mystischen Schriften wollen nicht so sehr die Luther bewegende Frage beantworten, wie wir denn einen gnädigen Gott bekommen, sondern wie wir von der wesenhaften Gotteinung, an der wir als Menschen durch den freien Schöpfungsakt Gottes und die Menschwerdung seines Sohnes immer schon teilhaben, da „Gott in jeglicher Menschenseele, und sei es die des größten Sünders der Welt, wesenhaft wohnt und gegenwärtig ist“, zu jener Gotteinung oder Umformung in Gott gelangen können, „die nicht immer gegeben ist, sondern nur wenn es dazu kommt, dass es eine Verähnlichung aus Liebe gibt. [...] Sie gibt es, wenn Wollen und Empfinden von beiden, nämlich des Menschen und Gottes, miteinander ganz übereinstimmen, so dass es in dem einen nichts mehr gibt, das dem anderen widerstrebt“ (2S 5,3). Diese dritte Vereinigung Gottes mit dem Menschen nach Schöpfung und Menschwerdung ist die bewusst gewordene Geburt Gottes im Seelengrund, von der mystische Autoren wie Johannes Tauler sprechen. Teresa und Johannes vom Kreuz sagen uns, dass Glaube (und Liebe) der Weg zu dieser dritten Vereinigung sind, zur *conformatio* oder Hochzeit mit dem Sohn, weil nur der Glaube uns Gott vorstellt, wie er wirklich ist: „Gott ist die Liebe, und wer in der Liebe bleibt, bleibt in Gott, und Gott bleibt in ihm“ (1 Joh 4,16).

Dies kann auch so verstanden werden: Immer wenn wir aus lauterer Liebe zu Gott die Vaterunser-Bitte „Dein Wille geschehe“ bewusst beten und nicht aus fatalistischer Ergebung in die Hand Gottes, vollzieht sich die Gotteinung durch Verähnlichung, die Umformung in Gott durch Liebe. Es ist bestimmt kein Zufall, dass Teresa von Ávila die sieben Bitten des Vaterunsers im Sinne ihres Verständnisses des inneren Betens ausführlich kommentiert hat (vgl. CE 43–73), und dass Johannes vom Kreuz das Vaterunser als einzig wirklich nötiges Gebet eines Christen nachdrücklich empfiehlt, denn darin ist „alles enthalten, was Gottes Wille ist, und alles, was uns frommt" (3S 44,4).

Humilitas: Demut als Fundament

Auf der einen Seite spricht Teresa vielfach von der Demut (und dem Gehorsam) in der spirituell-asketischen Tradition, die im katholischen Barock allgemein wirksam war. So wird in einem Fresko der Wiener Karlskirche die *humilitas* allegorisch als Jungfrau mit Bußgürtel und Geißel in der Hand dargestellt. Auf der anderen Seite bricht bei Teresa immer wieder eine neue Sprache und ein neues Verständnis der Demut durch: „Wahre Demut" ist für sie, oft im Zusammenhang mit „Selbsterkenntnis", die spirituelle Grundtugend. Sie ist unentbehrlich, um vor Gott die Frage „Wer bin ich?" zu beantworten: „Beim Anblick seiner Größe mag uns unsere Unzulänglichkeit aufgehen, und beim Anblick seiner Reinheit werden wir unseren Schmutz sehen; bei der Betrachtung seiner Demut sehen wir, wie viel uns fehlt, um demütig zu sein" (1M 2,9). Demut, eine Eigenschaft Gottes (vgl. Mt 11,29), ist für Teresa eine Chiffre für unsere Erlösungsbedürftigkeit („meine Erbärmlichkeit", sagt Teresa immer wieder), für unsere Angewiesenheit auf die Liebe und Gnade Gottes, aber auch für die Anerkennung unserer Würde und unserer Berufung zur Gottesfreundschaft: „Was ist der Mensch, dass du an ihn denkst, des Menschen Kind, dass du dich seiner annimmst? Du hast ihn nur wenig geringer gemacht als Gott, hast ihn mit Herrlichkeit und Ehre gekrönt“ (Ps 8,5–6). Wenn Teresa Demut als „in der Wahrheit leben“ definiert, so meint sie damit die Wahrheit unserer menschlichen Existenz: „Ich ging einmal mit dem Gedanken um, warum unser Herr wohl so sehr Freund der Tugend der Demut sei, und da kam mir – meines Erachtens ganz plötzlich, ohne Überlegung – dies: Weil Gott die höchste Wahrheit und Demut leben in der Wahrheit ist“ (6M 10,7). Anderswo hat es Teresa so ausgedrückt: Wahre Demut ist „zu erkennen, was er [Gott] vermag, und was ich vermag“ (CC 64, s. auch V 40,1–4) – also sich der Differenz zwischen Schöpfer und Geschöpf bewusst zu werden.

Die Demut ist für Teresa das „Fundament“ der inneren Burg (7M 4,8) und somit auch des christlichen Lebens. Demut ist auch ein Synonym für die Geduld (oder den Glauben), die „alles“ erreicht, d. h. die uns auf dem Weg der Christusförmigkeit voranbringt: „Die Demut wirkt nämlich immer wie die Biene, die im Stock den Honig bereitet (denn ohne das ist alles umsonst)“ (1M 2,8). Die Demut ist „die Salbe für unsere Wunden“ (3M 2,6), mangelnde Demut ist „der Haken bei denen, die nicht vorankommen“ (3M 2,8) auf dem Weg der Christusförmigkeit. Als „Freund der Demut“ (M Nachwort 2) lässt sich Gott durch Demut „alles abringen, was wir uns nur von ihm wünschen“ (4M 2,9). Daher gibt es für uns „nichts Wichtigeres als die Demut“ (1M 2,9), solange wir auf Erden weilen.

Demut ist anerkennen, dass wir von Gott kommen und zur Gemeinschaft mit ihm berufen sind, weil nur er uns retten kann: Er ist die „Quelle, an der unser Seelenbaum gepflanzt ist“, die Sonne, die uns „Wärme spendet“ (1M 2,5). Demut ist damit das Gegenteil von der Hybris der gefallenen Engel, das Gegenteil von der bleibenden Versuchung des Menschen, nicht in die Christusförmigkeit hinein wachsen, sondern wie Gott sein zu wollen. Demut ist das Gegenteil eines prometheischen (oder pelagianischen) Menschenverständnisses, das die Fähigkeiten menschlicher Natur überbewertet, ungeachtet unserer „Erbärmlichkeit“. Demut heißt „glauben“, dass der Sohn Gottes „für mich“ (pro me) ganz konkret Mensch geworden und gestorben ist, dass das Heil von ihm her kommt (extra nos), dass wir darauf angewiesen sind. Wenn jede mystische Gnade mehr Demut zurücklässt (6M 5,10; 8,4; 9,11), so bedeutet dies auch „mehr Glauben“, mehr Selbsterkenntnis, mehr Dankbarkeit und mehr Tugendhaftigkeit.

Conformatio: Christusförmigkeit durch inneres Beten als Weg der Vollkommenheit

Teresas mystischer Weg steht und fällt mit ihrer Praxis des inneren Betens zusammen. Inneres Beten im Bewusstsein unserer „Demut“ ist für sie nicht nur die Grundform des Betens überhaupt, also das, was wahres christliches Beten vom klappmühlenartigen „Gebete-Verrichten“ oder dem „Plappern wie die Heiden“ (Mt 6,7) unterscheidet, sondern der „Weg der Vollkommenheit“ schlechthin, d. h. „unser Beitrag“ zur *conformatio* oder Christusförmigkeit – wohlwissend, dass diese letztlich ein Gnadengeschenk ist und nicht das automatische Ergebnis des inneren Betens. Gleichwohl betont Teresa, dass der Herr die *conformatio* allen schenken würde, „wenn wir

Seine Majestät so gern hätten, wie er uns mag. Er hat ja keinen anderen Wunsch, als jemanden zu haben, dem er es geben kann, da seine Reichtümer deswegen nicht abnehmen" (6M 4,12). Einem Menschen, der das „nur Gott" wirklich verstanden hat und danach lebt, kann der Herr also die „Gotteinung" nicht versagen. Teresa hat das innere Beten (das mentale oder kontemplative Beten in der Sprache ihrer Zeit) nicht erfunden, wohl aber hat sie es mit eigenen Akzenten geprägt und damit eine unverwechselbar „teresianische" Gebetsform geschaffen.

Es wurde schon erwähnt, dass inneres Beten ein Trend in der spätmittelalterlichen Tradition der Verinnerlichung war und dass es u. a. von Savonarola als die bessere Gebetsart betrachtet wurde. Spanien war zur Zeit Teresas ein spirituell hochproduktives, dem inneren Beten „ergebenes" Land, wie Marcel Bataillon angemerkt hat.[93] Eine Fülle von geistlichen Büchern förderte diesen Trend. Autoren wie José de Arriaga drücken es plastischer aus: „Die Dienstmädchen hatten die geistlichen Handbücher unter dem Arm; die Obst- und Gemüseverkäuferinnen lasen sie, wenn sie ihre Ware wogen und verkauften."[94] Das würde allerdings eine unwahrscheinlich hohe Alphabetisierungsrate voraussetzen, klingt also mehr nach dem Motto *se non è vero, è ben trovato*. Tatsache ist, dass die spirituell Interessierten im Umfeld der *alumbrados, dejados* und *recogidos* als Laien in der Welt sich zum kontemplativen inneren Beten hingezogen fühlten, was üblicherweise dem (männlichen) Ordensstand reserviert war. Die scholastischen Theologen und die Inquisition gingen dagegen vor, am deutlichsten etwa der Dominikaner Melchior Cano in seinem bereits erwähnten Gutachten von 1559 über den Katechismuskommentar seines Mitbruders Bartolomé Carranza, der das innere Beten der Laien befürwortete. Für Cano hingegen sollte das gemeine Kirchenvolk, einschließlich der Ordensfrauen, Marta sein und nicht versuchen, es Maria nachzumachen.[95]

Unter diesem Misstrauen ging Teresa ihren Weg des inneren Betens. Sie definiert es als *„un trato de amistad"*, einen „freundschaftlichen, vertrauten Umgang" mit Gott, oder wie es in der neuen deutschen Ausgabe heißt, „als Verweilen bei einem Freund, mit dem wir oft allein zusammenkommen, einfach um bei ihm zu sein, weil wir sicher wissen, dass er uns liebt" (V 8,5). Damit meint sie, dass wir nicht vergessen, was der Herr aus Liebe „für uns" auf sich genommen hat, und dass wir ihm – nicht zuletzt im Ölgarten – liebevolle „Gesellschaft" leisten als Ausdruck unserer Freundschaft. Beim inneren Beten Teresas lassen sich zwei grundlegende Phasen unterscheiden:

(1) *Vor dem Klostereintritt:* Nicht zuletzt dank der religiösen Erziehung im Elternhaus (der von konvertierten Juden abstammende Vater brachte den Kindern Lesen und Schreiben bei, die Mutter betete mit ihnen den Rosenkranz, fromme Bücher fehlten im Haus nicht) fühlte sich Teresa von Kindesbeinen an zum Herrn hingezogen. Auch hatte sie einen Hang zum Alleinsein. So begann sie vor dem Klostereintritt 1535 „inneres Beten zu halten, ohne zu wissen, was das war" (V 9,4): „Ich hatte folgende Art zu beten: Da ich mit dem Verstand nicht diskursiv nachdenken konnte, versuchte ich, mir Christus in meinem Innern vorzustellen, und – wie mir schien – ging es mir damit an jenen Stellen besser, wo ich ihn am einsamsten erlebte. Mir schien, dass er mich, wenn

er einsam und niedergeschlagen war, als einer, der in Nöten ist, zu sich lassen müsste. Von diesen simplen Vorstellungen hatte ich viele. Besonders gut ging es mir mit dem Gebet Jesu im Ölgarten. Dort war es, wo ich ihn begleitete. Ich dachte an den Schweiß und die Not, die er dort durchgemacht hatte, sofern ich das konnte. Gern hätte ich ihm jenen Angstschweiß abgewischt. Aber ich erinnere mich, dass ich es niemals wagte, mich zu entschließen, das zu tun, da mir immer wieder meine großen Sünden in den Sinn kamen. Ich verweilte bei ihm, so gut es meine Gedanken zuließen, denn es waren viele, die mich da quälten. Viele Jahre lang dachte ich an den meisten Abenden vor dem Einschlafen, wenn ich mich zum Schlafen Gott empfahl, immer wieder eine Weile an diesen Abschnitt des Gebetes Jesu im Ölgarten, noch bevor ich im Kloster war, denn man hatte mir gesagt, dass man damit viele Ablässe gewinnen würde. Und ich bin überzeugt, dass meine Seele sehr großen Gewinn davon hatte, denn so begann ich, inneres Beten zu halten, ohne zu wissen, was das war, und die so eingespielte Gewohnheit bewirkte, dass ich das nicht unterließ" (V 9,4).

Wir finden darin Kernelemente der anfänglichen Gebetspraxis Teresas: die Schwierigkeiten mit der diskursiven Meditation, die Liebe zum Menschgewordenen, besonders in der Einsamkeit seiner Leidensgeschichte, verbunden mit einem ausgeprägten Sündenbewusstsein, das gewisse Heilsängste hervor rief und bei ihr das Gefühl hinterließ, sie sei nicht würdig, sich zum leidenden Jesus zu gesellen.

(2) *Nach dem Klostereintritt* blieb Teresa jahrelang bei dieser Gewohnheit, denn auch im Kloster lernte sie nicht, „wie ich beim Beten vorgehen, noch wie ich mich sammeln sollte"

(V 4,7). Sie hatte „große Plage“ mit dem inneren Beten, „weil der Geist nicht als Herr, sondern als Sklave wirkte. So konnte ich mich nicht in mein Inneres einschließen (worin die ganze Methode bestand, die ich beim Beten hatte), ohne zugleich tausend Nichtigkeiten mit einzuschließen“ (V 7,17). Eine Hilfe bekam sie erst, als sie wegen ihrer Erkrankung 1537 zur Behandlung nach Becedas geschickt wurde, bei ihrem Onkel Pedro in Hortigosa vorbei schaute und von diesem das Buch *Tercer abecedario espiritual* von Francisco de Osuna zu lesen bekam, einem der meistgelesenen Autoren der Bewegung der *recogidos.* Darin wird der Weg der Sammlung, die augustinische Suche Gottes im Inneren des Menschen nach Joh 14,23 befürwortet,[96] wobei der Weg dazu das schweigende, kontemplative Gebet unter Hintanstellung des Denkens und der Sinnestätigkeit ist: Nichts zu denken („no pensar nada“), sondern für Gottes Geschenk empfänglich zu sein, lautet die Devise. Dieses Buch nahm Teresa als „Lehrmeister“, zumal sie, wie sie sagt, zwanzig Jahre lang im Kloster trotz ihrer Suche keinen Beichtvater fand, „der mich verstanden hätte“ (V 4,7). Teresa fühlte sich nicht zuletzt zu Osuna hingezogen, weil er die Betrachtung der Menschheit Jesu am Anfang des inneren Betens befürwortete. Gleichwohl wird Teresa später im Gegensatz zu ihm mit Nachdruck festhalten, dass dies in allen Stufen des inneren Betens nötig sei, auch auf der höchsten Stufe des Gebets der Ruhe.

Das bei Osuna Gelernte verinnerlicht und versprachlicht Teresa auf eigene Art, indem sie durch einige Krisen hindurch ihre eigene Form des inneren Betens findet: als *„un trato de amistad“*, bei dem man nicht viel denken, sondern viel lieben soll. Dies kommt ihren Schwierigkeiten mit der diskursiven

Meditation der Menschheit Jesu entgegen, wie sie in der Tradition der Franziskaner und der Jesuiten praktiziert wurde. Aber sie erlebt immer wieder Krisen. Sie war zwar zum inneren Beten entschlossen, aber sie gab es zeitweise auf, weil ihre Liebe noch nicht so stark war, ihr „ganzes Vertrauen auf Gott“ zu setzen (V 9,3), und weil sie warten wollte, „bis ich ganz von Sünden rein wäre. Auf was für einen Irrweg war ich mit dieser Hoffnung geraten!“ (V 19,11).

Trotz ihrer Schwierigkeiten mit dem inneren Beten befand sich Teresa in einem „Bekehrungsprozess“, den sie mit einer punktuellen Erfahrung aus dem Jahr 1554 illustriert. Die augustinischen Anklänge sind nicht zufällig, denn im selben Jahr gab man ihr die *Bekenntnisse* zu lesen: „Da geschah es mir, dass ich eines Tages beim Eintritt in den Gebetsraum ein Bild sah, das man zur Verehrung dorthin gebracht und für ein Fest, das im Haus gefeiert wurde, aufgestellt hatte. Es war das Bild eines ganz mit Wunden bedeckten Christus und so andachterweckend, dass es mich beim Anblick zuinnerst erschütterte, ihn so zu sehen, denn es stellte gut dar, was er für uns durchlitten hatte. Das, was ich empfand, weil ich mich für diese Wunden kaum dankbar gezeigt hatte, war so gewaltig, dass es mir war, als würde es mir das Herz zerreißen. Aufgelöst in Tränen warf ich mich vor ihm nieder und flehte ihn an, mir ein für allemal Kraft zu geben, ihn nicht mehr zu beleidigen. Ich war eine große Verehrerin der glorreichen Magdalena und dachte sehr oft an ihre Bekehrung, vor allem, wenn ich kommunizierte. Da ich nämlich wusste, dass der Herr dann sicher in mir weilte, fiel ich ihm zu Füßen, weil ich glaubte, dass es nicht möglich war, meine Tränen zurückzuweisen. Ich wusste da nicht, was ich sagte, denn derjenige, der zustimmte, dass ich sie seinetwegen vergoss, tat damit schon genug, weil ich diesen Schmerz immer wieder schnell vergessen habe. Ich empfahl mich dann dieser glorreichen Heiligen, damit sie mir Vergebung erlangte. Aber dieses letzte Mal, ich meine mit diesem Bild, scheint mir doch mehr genützt zu haben, denn ich hatte zu mir kaum noch Vertrauen, sondern setzte mein ganzes Vertrauen auf Gott. Ich glaube, ich habe ihm damals gesagt, dass ich von dort nicht mehr aufstehen würde, bis er tat, worum ich ihn anflehte. Ich glaube sicher, dass mir das geholfen hat, denn seitdem ging es viel besser mit mir“ (V 9,1–3).

Teresa entdeckt das *pro me* der Menschwerdung und Leidensgeschichte Jesu und zwar *experimentaliter* durch eine innere Erschütterung beim Anblick des Schmerzensmannes, nicht durch ein „Tag und Nacht währendes Nachsinnen“ über die Schriftworte Röm 1,17, wie dies bei Luther der Fall war.[97] Teresas Bekehrung folgt eher dem Muster der Magdalena: Sie fällt dem Herrn zu Füßen, weil sie weiß, dass er ihre „Tränen“ nicht zurückweisen wird (V 9,2). Sie darf sich zu Jesus im Ölgarten gesellen und ihm den „Angstschweiß“ abwischen (V 9,4). Das Ergebnis ist ähnlich wie bei Luthers Turmerlebnis: Sie spürt eine Befreiung, weil ihre Last auf Jesus liegt, und setzt von nun an ihr „ganzes Vertrauen auf Gott“ (V 9,3). Die Heilsangst, mit der sie ins Kloster eintrat, weicht der Zuversicht, in ihrer „Erbärmlichkeit“ bei Gott geborgen zu sein.

Anders als Luther, für den der leidende Heiland vor allem unseren Glauben braucht, will ihn Teresa auch „trösten“. Die Christusbeziehung gewinnt so den Charakter einer gegenseitigen Tröstung, wie dies in einer Freundschaft der Fall ist: „Wenn ihr in Nöten oder traurig seid, betrachtet ihn an der Geißelsäule, schmerzerfüllt, ganz zerfleischt wegen der großen Liebe, die er zu euch hat, von den einen verfolgt, von den anderen angespien, von wieder anderen verleugnet, ohne Freunde und ohne, dass irgendjemand für ihn einträte, vor Kälte zu Eis erstarrt, großer Einsamkeit ausgesetzt, wo ihr euch gegenseitig trösten könnt. Oder schaut ihn im Garten an, oder am Kreuz, oder damit beladen, wo sie ihn kaum verschnaufen ließen. Er wird euch mit seinen schönen, mitfühlenden, tränenerfüllten Augen anschauen, und auf seine eigenen Schmerzen vergessen, um euch über eure hinwegzutrösten, und nur, weil ihr zu ihm kommt, um ihn zu trösten, und den Kopf wendet, um ihn anzuschauen" (CE 42,5).

Teresas Mystik ist natürlich eine Glaubensmystik. Ihre Betrachtung des gegeißelten Jesus ist selbstverständlich durch die Lektüre der Schrift mit den Augen des Glaubens geprägt. Aber sie zeigt die Konturen einer empathischen Liebe, die im Fortschreiten der ekstasischen *conformatio* die felsenfeste existentielle Erfahrung der unbegreiflichen Größe Gottes macht und die Rolle des Glaubens sogar relativiert: „Doch erkenne ich, dass dieser [liebenden] Seele einige Wahrheiten über die Größe Gottes so fest eingeprägt bleiben, dass sie Gott von jenem Augenblick an als solchen anbeten würde, wie es Jakob tat, als er die Leiter sah (Gen 28,12), auch wenn sie keinen Glauben hätte, der ihr sagte, wer er ist, und dass sie verpflichtet sei, an ihn als Gott zu glauben" (6M 4,6).

Gestärkt durch diese Erfahrung von 1554 wird Teresa zur Apostelin ihrer Form des inneren Betens: Demjenigen, der mit dem inneren Beten begonnen hat, empfiehlt sie, es ja nicht mehr aufzugeben, „mag er noch so viel Schlechtes tun, denn es ist das Heilmittel, durch das er sich wieder bessern kann, während ohne es alles sehr viel schwieriger wird“ (V 8,5). Demjenigen, der mit dem inneren Beten noch nicht begonnen hat, den bittet sie, „um der Liebe des Herrn willen, sich ein so großes Gut doch nicht entgehen zu lassen. Hier gibt es nichts zu verlieren, sondern nur zu gewinnen“ (V 8,5). Ihre „Gebetslehre“ beschreibt sie – ohne Systematik, aber mit Blick auf das Wesentliche – in drei Werken nacheinander: *Buch meines Lebens* (1562/65), *Weg der Vollkommenheit* (1565/66) und *Wohnungen der inneren Burg* (1577). Das Wesentliche ist, inneres Beten als *„un trato de amistad“* mit Gott zu verstehen, bei dem es auf die persönliche Beziehung zu Jesus ankommt; es geht darum, innerlich den anzuschauen, „der mich anschaut“ (V 13,22), um die liebevolle Hinwendung zum Herrn – unabhängig von Orten und Zeiten, aber immer im Bewusstsein der Ähnlichkeit *und* des Unterschiedes zwischen ihm und uns: „Ich kann mit ihm umgehen wie mit einem Freund, obwohl er doch Herr ist. Denn ich erkenne, dass er nicht ist wie die, die wir hier als Herren haben, die ihr ganzes Herr-Sein auf ‚Autoritätsprothesen‘ gründen: Man braucht Sprechstunden und privilegierte Leute, die mit ihnen sprechen“ (V 37,5). Dies zu bedenken ist ihr so wichtig, dass sie es immer wieder verteidigt, so etwa im *Weg der Vollkommenheit*: „Wer möchte denn behaupten, dass es falsch sei, beim Beginn des Betens des Stundengebetes oder des Rosenkranzes mit dem Nachdenken darüber zu beginnen, mit wem er spricht und wer der ist, der spricht, um zu sehen, wie er mit ihm umgehen soll? Ich sage euch, Schwestern, wenn man das viele, das in Bezug auf diese zwei Punkte zu tun wäre, gut täte, dann würdet ihr, bevor ihr mit dem mündlichen Beten – also mit dem Verrichten des Stundengebetes oder des Rosenkranzes – anfangt, viele Stunden im inneren Beten verbringen“ (CE 37,3).

Teresa empfiehlt manchmal Betrachtungsweisen, vor allem des Leidens Jesu, aber ihr inneres Beten unterscheidet sich, wie Ulrich Dobhan sagt, von vielen Meditationsübungen: „Ihr kommt es nicht auf die Weitergabe bestimmter Gebetsmethoden, Übungen, Körperhaltungen oder auf geistreiche Erwägungen an, sondern auf die Ermutigung zur gelebten Liebesbeziehung zu Gott bzw. Christus. Alles, was dazu beiträgt, diese Beziehung zu vertiefen, dient dem geistlichen Fortschritt.“[98]

Im Grunde hat Teresa nach Klostereintritt und Bekehrungserlebnis 1554 die wesentliche kindliche Intuition ihrer Gebetspraxis beibehalten, Jesu Gesellschaft leisten zu wollen, nun aber ohne die übertriebene Sünden- und Heilsangst und ohne die Annahme, man müsse dabei einem bestimmten Meditationsschema folgen. Teresa hat verstanden, „dass Beten nicht die Ableistung einer Pflicht ist, um Gott zu gefallen, und auch nicht ein punktuelles Ereignis, das man möglichst oft wiederholen und ausdehnen sollte, sondern ein Beziehungsgeschehen, das sich nicht auf bestimmte Zeiten beschränken lässt, sondern das ganze Leben durchdringt. Von daher ist es absurd, das Leben in Zeiten des Betens (contemplatio) und des Tuns (actio) und die Menschen in Beter und solche, die dazu keine Zeit haben, aufzuteilen“. Wenn Beten eine Frage des Vertrauens und der Liebe und nicht der Zeit und des Ortes ist, so kann jeder ein Beter sein, „denn die Freundschaft mit Gott kann und muss jeder selbst leben.“[99] Das Ziel teresianischen inneren Betens ist, dass das ganze Leben zu einem Gebet wird, weil Gott, „ob wir nun wachen oder schlafen“ (1 Thess 5,10), bei uns weilt und bleibt – und wir uns dessen bewusst geworden sind.

Actio: Nachfolge Jesu als Einsatz für das Reich Gottes

Die Nachfolge Jesu in der Einheit von Gottes- und Nächstenliebe ist die naheliegende Wirkung der erfahrenen *conformatio* und zugleich das untrüglichste Zeichen ihrer Echtheit. Wer die Christusförmigkeit erfahren hat, fühlt sich in die „Jüngerschaft“ des guten Hirten berufen. Dabei gibt es bei Teresa keinen Konflikt zwischen Aktion und Kontemplation. Denn die Aktion wird nicht verstanden als umtriebige Tätigkeit bzw. Aktivismus, sondern als Einsatz für das Kommen des Reiches Gottes in uns, in der Kirche und in der Welt aus dem inneren Beten heraus: „Marta und Maria müssen zusammengehen“ (7M 4,12).

(1) Auf den persönlichen Aspekt legt Teresa viel Wert, denn die Christusförmigkeit soll zur Tugendhaftigkeit (zur „Stärkung in der Tugend“: 6M 9,11) und zur vermehrten Nächstenliebe als Ausdruck der Gottesliebe führen. Wie in den ersten Wohnungen der Mangel an Demut und Nächstenliebe ein untrügliches Zeichen unserer Unvollkommenheit ist, so ist ihr vermehrtes Vorkommen in den letzten Wohnungen der beste Beleg für unsere Verwandlung in Jünger Christi.

Biblisch schreibt Teresa: „Ob wir Gott lieben, kann man nie wissen (auch wenn es deutliche Anzeichen gibt, um zu erkennen, ob wir ihn lieben), die Liebe zum Nächsten erkennt man aber sehr wohl“ (5M 3,8). Sie lässt die Einheit von Gottes- und Nächstenliebe nie aus dem Auge: „Begreifen wir, meine Töchter, dass die wahre Vollkommenheit in der Gottes- und Nächstenliebe besteht, und dass wir umso vollkommener sind, mit je größerer Vollkommenheit wir diese beiden

Gebote halten“ (1M 2,17; vgl. auch 5M 3,7). Und sie ist mit augustinischen Anklängen davon überzeugt, dass „die Nächstenliebe in Vollkommenheit [...] aus der Wurzel der Gottesliebe erwächst“ (5M 3,9). Sehr präsent hat Teresa die Gerichtsrede aus dem Matthäusevangelium als „Ernstfall“ (vgl. F 5,3): „Was ihr für einen dieser Geringsten getan habt, habt ihr für mich getan“ (Mt 25,40).

Diese „Prinzipien“ verbindet Teresa mit praktischer Klugheit angesichts der ihr bekannten „Pathologien“ in ihren Klöstern und mit Ratschlägen zur Überwindung derselben. Sie, die immer wieder eine Neigung zum Alleinsein spürte, rät z. B. zugleich davon ab, sich zum inneren Beten immer wieder in die „Schlupfwinkel“ zurückziehen und das soziale Gemeinschaftsleben gering zu schätzen: „Denn ein Mensch, der immer zurückgezogen lebt, weiß doch nicht, selbst wenn er seiner Meinung nach noch so heilig sei, ob er Geduld oder Demut hat, noch hat er etwas in der Hand, um es zu wissen“ (F 5,15). Gegenüber denjenigen, die der Kontemplation ein zu großes Gewicht beimessen, rückt Teresa die Verhältnisse zurecht: „Nicht die Länge der Zeit macht es aus, dass die Seele im inneren Beten vorankommt; denn wenn man sie ebenso gut auf Werke verwendet, so ist das eine große Hilfe, um in ganz kurzer Zeit eine bessere Voraussetzung zu haben, um in Liebe zu entflammen, als in vielen Stunden der Betrachtung“ (F 5,17). Teresa versucht, die krankhafte Suche der kontemplativen Wonnen zu Lasten der alltäglichen Arbeit zu korrigieren, und betont die zentrale Bedeutung der tätigen Nächstenliebe für „die wahre Einung“ mit dem Willen Gottes: „Werke will der Herr! Und wenn du eine Kranke siehst, der du ein wenig Linderung verschaffen kannst, dann mache es dir nichts aus, diese Andacht zu verlieren, und ihr dein Mitgefühl zu zeigen; und wenn ihr etwas wehtut, dann soll es dir wehtun, und wenn nötig, sollst du fasten, damit sie zu essen hat, nicht so sehr ihretwegen, sondern weil du weißt, dass dein Herr das möchte. Das ist die wahre Einung mit seinem Willen" (5M 3,11). Das innere Beten bzw. die geistliche Vermählung dient dazu, „dass ihr immerfort Werke entsprießen, Werke!" (7M 4,6), d. h. für Teresa „wenn es sich anbietet" (F 5,3) in unserem alltäglichen Leben. Und dabei kommt es „nicht so sehr auf die Größe der Werke" an „als vielmehr auf die Liebe, mit der sie getan werden" (7M 4,15).

Die letzte Aussage dürfte ein Echo der Gnadentheologie ihres Beichtvaters Domingo Báñez sein. Mit „nicht so sehr ... als vielmehr" hat Teresa eine sehr kluge Formulierung gefunden, um nicht an den Klippen der Inquisition zu stranden. Ihr Bewunderer Miguel de Cervantes war später nicht so vorsichtig und ließ 1615 im zweiten Teil des *Quijote* die Herzogin von Alba zu Sancho sagen: „Und Ihr, Sancho, mochtet daran denken, dass die Werke der Nächstenliebe, die lau und nachlässig vollzogen werden, kein Verdienst nach sich ziehen und ganz wertlos sind."[100] Diese Stelle wurde von der Inquisition im Index des Kardinals Zapata von 1632 als häresieverdächtig angeführt und musste bei den weiteren Auflagen entfernt werden. Denn sie könnte als eine allgemeine Geringschätzung dieser Werke verstanden werden.

(2) Spätestens seit der Bekehrungserfahrung von 1554 bzw. der Erfahrung der geistlichen Verlobung von 1556 denkt Teresa daran, wie sie eine andere, christusförmigere Art des Ordenslebens anstoßen könnte. In einem Alter, in dem bei den Frauen die biologische Uhr sich bemerkbar macht, wollte sie

„fruchtbar“ sein, geistliche Töchter und Söhne haben. Neben ihrem Verständnis des inneren Betens sind die ab 1562 gegründeten Klöster ihr Beitrag zur Kirchenreform. Sie waren geprägt von einigen Merkmalen, die sie als einzigartigen Kontrast zu manchen Entwicklungen in Kirche und Gesellschaft ihrer Zeit erscheinen lassen.

Sie waren kleine Gemeinschaften von Schwestern in bescheidenen Gebäuden („estos palomarcitos“, „diese kleinen Taubenschläge“, nennt sie Teresa: F 4,5), in denen ein Leben in der Einheit von Gebet, Handarbeit und Gemeinschaftssinn unter dem Primat der Demut entstehen sollte – gemäß den drei Punkten, die sie für die Lebensform hervorhebt: „Das Erste ist die gegenseitige Liebe, ein Weiteres das Loslassen alles Geschaffenen, und noch ein Weiteres wahre Demut, die, auch wenn ich sie an letzter Stelle nenne, die wichtigste ist und alle anderen umfasst“ (CE 6,1).

Die spanische Gesellschaft der Zeit war bei allem Bewusstsein des prinzipiellen Egalitarismus unter dem König („unter dem König sind wir alle gleich“, war ein geflügeltes Wort und ein Thema des Theaters des *Siglo de Oro*) eine Kastengesellschaft, in der die soziale Herkunft oder „die Ehre“ bzw. das Prestige (la honra, auch dies im Theater des Barocks allseits präsent) einer altchristlichen Abstammung ohne Vermischung mit jüdischem oder maurischem Blut eine wichtige Rolle spielte. Teresas Klöster hingegen sollten frei von Standesdünkel sein und nur das ehrenvolle Ansehen der wahren Armut anstreben: „Ich meine die, bei der es nur um Gott geht, und die es nicht nötig hat, jemanden zufriedenzustellen, außer ihn“ (CE 2,6). Darin zeigt sich das Revolutionäre am teresianischen *solus Deus*, d. h. an ihrem radikalen Ernstnehmen des ersten Gebots des Dekalogs. Ihre Klöster sollten auch für die Neuchristen jüdischer oder islamischer Herkunft offen sein, während die meisten anderen Ordensgemeinschaften unter Berufung auf die Statuten der *limpieza de sangre* (Blutsreinheit)[101] einen radikalen Ausschluss derselben verfügt hatten. Von dieser Ursprungsidee wird sich die Familie des Karmels allerdings wenige Jahre nach dem Tod Teresas entfernen. Unter dem sozialen Druck im damaligen Spanien werden die Jesuiten (1593) und die Karmeliter (1595) die Ausschluss-Statuten einführen, obwohl sie sich bis dahin standhaft geweigert hatten. Teresa hätte danach in ihren eigenen Orden nicht eintreten können!

Für die Frauen waren die Klöster „Freiheitsinseln" in doppelter Hinsicht: zum einen, weil sie darin eine sinnvolle Alternative zu ihrem Schicksal in der Welt als dem Mann immer nach seinen Launen gehorchende und dienende Ehefrau fanden: „Schaut, von welcher Unterordnung ihr euch befreit habt, Schwestern!" (CV 26,4, vgl. auch F 31,46). Zum anderen, weil Teresa die Klausur als weiblichen Freiraum gegenüber dem Klerus versteht: „Es soll niemals einen Vikar [Ordensobere oder Bischof] geben, der den Auftrag hat, ein- und auszugehen und Aufträge zu erteilen, noch einen Beichtvater, der Aufträge erteilt, vielmehr sollen sie dazu da sein, um über den guten Ruf des Hauses und die innere und äußere Zurückgezogenheit zu wachen" (CE 8,6; vgl. auch CV 5,6).

(3) Während seit der Bekehrungserfahrung von 1554 und der Erfahrung der mystischen Verlobung 1556 in Teresa der Wunsch nach Reform des Ordenslebens und der Kirche wuchs, wurde bei ihr nach der Erfahrung der geistlichen Vermählung am 18. November 1572 die Sehnsucht nach aposto-

lischem Wirken in der Welt immer dringender: „Siehe diesen Nagel! Er ist das Zeichen, dass du von heute an meine Braut bist. Bis jetzt hattest du das nicht verdient; von jetzt an wirst du auf meine Ehre achten, nicht nur weil ich dein Schöpfer, dein König und dein Gott bin, sondern weil du meine wahre Braut bist: Meine Ehre ist bereits deine, und deine meine" (CC 25). Die Christusförmigkeit führt dazu, dass der „inwendige" Mensch, wie Johannes Tauler meinte, am priesterlichen Amt Christi teilnehmen möchte. Während Luther diese mystische Weisheit „demokratisierte" im Sinne der Lehre vom allgemeinen Priestertum aller, die „aus der Taufe" gekrochen sind – was bekanntlich zum „Systemumbruch" in der Sozialgestalt des Christentums führte[102] –, blieb die katholische Kirche zur Zeit Teresas eine Ständekirche, in der die apostolische Tätigkeit nur dem Klerus zustand, nicht den Laien, den in Kirchensachen Ungebildeten oder *idiotas*, und auch nicht den Ordensfrauen.

In den letzten *Wohnungen der inneren Burg* stellt Teresa fest, dass sie und ihre Schwestern „sich am liebsten mitten in die Welt stürzen" würden, „damit auch nur eine Seele Gott mehr lobte. Und wenn es eine Frau ist, reibt sie sich wund an der Fessel, die ihr ihre Natur auferlegt, da sie das nicht tun kann, und ist neidisch auf diejenigen, die die Freiheit haben, um mit lauter Stimme zu verkünden, wer dieser große Gott der Reiterscharen ist" (6M 6,3). Da sie „weder lehren noch predigen" dürfen, „wie es die Apostel taten", wissen sie nicht, wie sie dies tun könnten (7M 4,14). Teresa litt darunter, verzagte aber nicht, sondern ermahnte ihre Töchter, „durch eure Werke zu predigen, da der Apostel und unsere Fähigkeit uns versagen, es mit Worten zu tun" (CE 23,1). Darüber hinaus verstand sie inneres Beten als eine Form des Apostolats. Denn die Erfahrung der Christusförmigkeit ist immer missionarisch, auch wenn sie in der Klausur gelebt wird. Die großen Weltereignisse ihrer Zeit hatte Teresa in ihrem Gebet daher sehr präsent.

Wenn sie ab 1562 von den „Lutheranern“ spricht, meint sie den Protestantismus insgesamt, der in Spanien als die „deutsche Häresie“ schlechthin bezeichnet wurde.[103] Teresa sieht „diese unheilvolle Sekte“ im Anwachsen (CE 1,2; V 32, 6, 9–10), die Protestanten sind für die Unruhen in Frankreich verantwortlich und „Verräter“, die Christus „von neuem ans Kreuz bringen“ (CE 1,2) und „seine Kirche zu Boden stürzen“ wollen, weshalb die Welt „in Flammen“ stehe und keine Zeit mit unwichtigen Dingen zu vergeuden sei (CE 1,5). Sie sind verantwortlich für die Abschaffung von Sakramenten, für die Ermordung von Priestern und die Zerstörung von Kirchen (vgl. CE 4,2 bzw. CV 3,8; CE 58,2 bzw. CV 3,3; CV 35,1). Teresa ist wohl durch ihre Beichtväter begrenzt und einseitig über den Protestantismus informiert, aber sie ist sich immerhin auch dessen bewusst, dass man „mit Waffengewalt einem so großen Übel“ nicht abhelfen könne (CE 3,1). In ihr Gebet schließt sie daher nicht nur „die Verteidiger der Kirche und Prediger und gelernten Theologen“ (CE/CV 1,2) ein. Am Ende der *Wohnungen der inneren Burg* ermahnt sie ihre Schwestern, den Herrn um „Licht für die Lutheraner“ zu bitten (M, Nachwort 4).

Teresa lebte im spanischen Weltreich. Zu ihrer Wahrnehmung gehörte nicht nur die Kirchenkrise in Europa, sondern auch die Eroberung und Evangelisation der Neuen Welt, wo der Weinberg Gottes „in der elften Stunde der Welt“ (Mt 20,6) die neu entdeckten Völker erreichte – auch wenn das Evangelium „in irdenen Gefäßen“ (2 Kor 4,7) transportiert wurde. In ihr Gebet schließt Teresa daher die Indios ein, über deren Schicksal sie spätestens nach dem 1. Juni 1566 gut informiert war. An diesem Tag bekam sie im Kloster San José zu Ávila den Besuch des Franziskaners Alonso Maldonado, einer der drei Testamentsvollstrecker des Bartolomé de Las Casas († 18.7.1566 in Madrid). Teresa beneidet Maldonado um seine missionarische Tätigkeit, die ihr ja verwehrt war, und zeigt sich zugleich tief erschüttert über das Erfahrene: „Nach vier Jahren, oder, ich glaube, etwas mehr, kam mich zufällig ein Franziskanerpater namens Alonso Maldonado besuchen, ein großer Diener Gottes mit denselben Wünschen nach dem Heil der Seelen wie ich, nur dass er sie ins Werk setzen konnte, so dass ich ganz neidisch auf ihn war. Er war kurz zuvor aus Westindien gekommen. Er begann mir von den vielen Millionen von Seelen zu erzählen, die dort mangels Glaubensunterweisung verloren gingen, hielt uns eine Predigt und eine Ansprache, in denen er zur Buße aufrief, und ging wieder fort. Ich war über das Verderben so vieler Seelen derart betrübt, dass ich ganz außer mir war. Tränenüberströmt zog ich mich in eine Einsiedelei zurück, schrie zu unserem Herrn und flehte ihn an, mir eine Abhilfe aufzuzeigen, wie ich etwas tun könnte, um die eine oder andere Seele für seinen Dienst zu gewinnen, da der Böse so viele abführte, und dass doch mein Gebet etwas vermöchte, da ich ja zu mehr nicht imstande wäre. Ich war sehr neidisch auf diejenigen, die sich aus Liebe zum Herrn dafür einsetzten, auch wenn sie tausend Tode erlitten“ (F 1,7). Von da an waren die Indios in Teresas Gebet sehr präsent, so dass sie in einem Brief vom 17. Januar 1570 an ihren Bruder Lorenzo in Quito schreibt: „Diese Indios dort kosten mich nicht wenig. Der Herr gebe ihnen Licht, denn hier wie dort gibt es viel Unheil; da ich so viel herumkomme und viele Leute mit mir sprechen, weiß ich oft nicht, was ich sagen soll, außer dass wir schlimmer sind als Bestien, da wir die große Würde unserer Seele nicht begreifen und sie mit derart minderen Dingen vermindern, wie es die irdischen sind. Der Herr gebe uns Licht" (Ct 24,13).

Teresa nahm die missionarischen Bemühungen um die Bekehrung der Indios im Rahmen der Theologie ihrer Zeit wahr. Das Missionsgebot Jesu lautet in der markinischen Variante: „Geht hinaus in die ganze Welt, und verkündet das Evangelium allen Geschöpfen! Wer glaubt und sich taufen lässt, wird gerettet; wer aber nicht glaubt, wird verdammt werden" (Mk 16,15–16). Letzteres wurde erst im 2. Jahrhundert dem Markusevangelium angefügt und verbindet den Missionsauftrag mit der apodiktischen Betonung der Heilsbedeutung und der Dringlichkeit der Taufe im Schatten der Christenverfolgungen, die als Zeichen für das nahende Ende der Welt betrachtet wurden. Die von ihrem Entstehungskontext isolierte Rezeption dieser Stelle in der Missionsgeschichte entbehrt nicht einer gewissen Tragik: Sie ist für einen Heilsexklusivismus verantwortlich, der zu einem übertriebenen Missionseifer und zu Zwangstaufen führte, um Heiden vor der Verdammung zu bewahren; und sie stürzte auch Missionare in tiefe Konflikte: „Waren sie bei ausbleibendem Missionserfolg etwa an der Verdammung der Nichtgetauften mitschuldig? Waren die ungetauften Vorfahren, die als Ahnen besonders in Asien und Afrika verehrt wurden, zu den Verdammten zu zählen?"[104] In vielen Missionskatechismen aus Teresas Zeit wird den Missionierten gesagt, dass ihre Vorfahren in der Hölle brennen.

Teresas Beten für die Indios zeigt nicht zuletzt, dass nach der Erfahrung der Christusförmigkeit „aus der furchtsamen, um das eigene Heil bangenden Ordenskandidatin eine selbstbewusste Gründerin mit einem ausgeprägten Missionsgeist" geworden ist.[105]

Dritter Teil

Wohnungen der inneren Burg – ein Kommentar

Wohnungen der Inneren Burg ist Teresas letztes und am besten strukturiertes Werk. Sie schrieb es im 63. Lebensjahr zwischen dem 2. Juni („am Dreifaltigkeitsfest", hält sie im Kloster San José zu Toledo fest) und dem 29. November 1577 („am Vorabend des Andreastages", schreibt sie im Kloster San José zu Ávila) – mit einer längeren Unterbrechung aufgrund ihrer vielen Aufgaben und gesundheitlicher Probleme: Mitte Juli hat sie in Toledo die Teile bis einschließlich 5M 2 fertig geschrieben. Danach führen sie die Ordensgeschäfte nach Ávila, wo sie zunächst 5M 3 abschließt, bevor sie bis Anfang November eine Pause einlegen muss. Etwa die ersten fünf Wohnungen hat sie in sechs bis acht Wochen geschrieben, während sie für die letzten zwei, die vom Umfang her mehr als die Hälfte des Werkes ausmachen, nur vier Wochen braucht.[106] Alles in allem ein atemberaubendes Tempo für eine Schrift, die als Gipfel und Meisterwerk christlicher Mystik gilt – und Teresa an verschiedenen Orten, oft in Stunden, die sie dem Schlaf abtrotzte, mit schneller, sicherer Hand geschrieben hat, so als würde ihr der Stoff aus der Hand gleiten, und dies bei ständigem „Dröhnen" im Ohr (infolge von Tinnitus oder Hörsturz wie bei Luther?), das Teresa gelegentlich beklagt (M Vorwort 1, u. a.). Dies ist nur möglich, weil Teresa zu diesem Zeitpunkt ihren mystischen Weg mehrfach analysiert und im Gebet betrachtet hat, so dass sie sich auf dem Höhepunkt der oben erwähnten drei „Gnaden" (Erfahren, Verstehen, Beschreiben) befindet. Jerónimo Gracián, der ihr den Auftrag zum Verfassen des Werkes gegeben hatte, korrigiert zwar hier und da manche Ausdrücke und Interpretationen Teresas, aber schon ihr erster Biograph, Francisco de Ribera SJ, war der Meinung vieler heutiger Leser: dass viele Streichungen oder Erläuterungen „zu Unrecht geschahen und es besser klingt, wie es zuerst geschrieben wurde, und man wird feststellen, dass der Satz so besser läuft und die heilige Mutter es nachher auch näher erläutert“[107].

Im Prolog bemüht Teresa – ganz „Schriftstellerin“ – die üblichen Demutsfloskeln, die man auch bei profanen Autoren der Zeit findet: dass sie kaum etwas Neues wird sagen können, es sei denn, dass der Herr es ihr eingibt. Dass sie sich damit zufrieden gäbe, ein wenig des bereits Gesagten nun besser „auf den Punkt zu bringen“. Und wenn niemand einen Vorteil davon haben sollte, schreibt Teresa ironisch, so hätte die Übung ihr selbst mindestens geholfen, „mich aus Gehorsam abzuplagen und meine Kopfschmerzen zu verschlimmern“ (M Vorwort 2). Aber Teresa war auch, wie schon erwähnt, eine leidenschaftliche Schriftstellerin, die allzu gerne zur Feder griff. Sie verrät sich doch, wenn sie im Nachwort betont, dass die Fertigstellung des Werkes ihr „große Zufriedenheit“ gebracht habe und sie die Mühe für gut eingesetzt halte, auch wenn sie gestehe, „dass sie recht gering war“ (M Nachwort 1).

Nach der üblichen Unterwerfung unter das Lehramt der römisch-katholischen Kirche nennt Teresa den eigentlichen Zweck des Werkes aus der Sicht des Auftraggebers P. Gracián: den Schwestern des Karmels einige Fragen des inneren Betens zu erläutern, denn er habe den Eindruck, „dass Frauen die Sprache anderer Frauen besser verstünden, und ihnen das, was ich ihnen sagte, bei der Liebe, die sie für mich hegen, mehr bringen würde“ (M Vorwort 4). Auch dies ist als gelungenes rhetorisches Kunststück Teresas zu verstehen: Sie muss sich und ihr geistliches Wissen verstellen, es als „Nahrung für Frauen“ tarnen, „denn zu meinen, es könnte auch anderen Personen etwas bringen, scheint eher abwegig zu sein" (M Vorwort 4). Vor allem darf sie nicht den Eindruck erwecken, dass sie meint, es wäre nicht nur für einfache Christenmenschen nützlich, sondern auch für die Studierten, Theologen und Prälaten. Und doch war die selbstbewusste Teresa sicherlich davon überzeugt, dass ihr Werk auch diesen gut täte. Manchmal (u. a. in 1M 1,8, 1M 2,14 und 3M 2,4) lässt sie durchschimmern, dass alle Menschen zu den „Wohnungen" berufen sind.

Der historische Kontext[108] kann hier nur in groben Strichen angedeutet werden: Mitte der 1570er-Jahre spitzt sich der Konflikt zwischen dem neuen Karmel Teresas (die „Unbeschuhten" oder „Reformierten") und dem alten Karmel zu. Kanonisch anerkannt waren aus der Sicht des Ordensgenerals nur die unbeschuhten Klöster in Kastilien, während die Erweiterung der Reformbewegung nach Andalusien als illegitim galt. Auf dem Generalkapitel von Piacenza in Italien (Mai 1575) wurde u. a. beschlossen, dass Teresa, die zur selben Zeit nach Sevilla zur Gründung eines Klosters gekommen war, sich sozusagen unter „Hausarrest" in ein Kloster ihrer Wahl nach Kastilien zurückziehen sollte. Nach vollzogener Gründung in Sevilla zog sich Teresa am 23. Juni 1576 nach Toledo zurück und Mitte Juli 1577 nach Ávila. Das Jahr 1577, in dem Teresa die „Wohnungen" schrieb, war zudem von der Festnahme und Verschleppung des Johannes vom Kreuz in der Nacht vom 3. auf den 4. Dezember überschattet. Und zum allen Überfluss brach sich Teresa den linken Oberarm am 24. Dezember, als sie im Kloster San José zu Ávila zur Komplet kommen wollte und auf der Treppe ausrutschte. Von da an wird sie für verschiedene Tätigkeiten des Alltags auf Hilfe angewiesen sein.

Der im zweiten Teil erwähnte Verstehenshorizont von *humilitas, conformatio* und *actio* ist, gemeinsam mit dem inneren Beten, so etwas wie die Tiefenstruktur, die alle Wohnungen der teresianischen Burg durchzieht und zusammenhält. In allen Wohnungen spielt diese Trias eine wesentliche Rolle – mit verschiedener Intensität: je mehr *humilitas*, desto tiefere *conformatio*; und je tiefere *conformatio*, desto dringender die *actio* in der Nachfolge Jesu, zur Mitarbeit an der Christusförmigkeit von Kirche und Welt. Aber die sieben Wohnungen ließen sich auch nach einem Schema von 3+1+3 verstehen, wobei dann den vierten Wohnungen, in denen es um das kontemplative innere Beten als Gebet der Sammlung und Gebet der Ruhe und um die Warnung vor Pathologien des geistlichen Weges geht, so etwas wie eine Scharnierfunktion zwischen den ersten drei und den letzten drei Wohnungen zukommt. Die ersten drei Wohnungen handeln, klassisch ausgedrückt, davon, mit Gottes Hilfe all das aus unserem Ich und unserem Leben zu entfernen, was der Christusförmigkeit bzw. dem Willen Gottes im Wege steht (die Entledigung unseres Selbst): Es geht um die Entscheidung für das *solus Deus*. Gott ist hier zwar bereits der Haupthandelnde, aber der Mensch ist in diesen Wohnungen nicht nur passiver Empfänger, sondern hat auch seinen Teil zu leisten. In den letzten drei Wohnungen geht es um das Empfangen der gottgeschenkten *conformatio* in verschiedenen Stufen der „Wonne", zuletzt in der höchsten der geistlichen Vermählung.

Die vierten Wohnungen, von denen Teresa glaubt, sie seien die, „in die [...] die meisten Seelen eintreten" (4M 3,14), bilden den Übergang zur ekstatischen *conformatio* – die nur wenigen geschenkt wird und die, wie Karl Rahner sagte, nicht notwendig zu jedem christlichen Leben gehört.[109] Sie stellen zugleich den Abschluss der „Mystik des Alltags“, die jeder Christ, ja jeder Mensch erfährt, wenn er durch die ersten drei Wohnungen hindurchgeht, das innere Beten pflegt und mit Maria und Jesus „Dein Wille geschehe“ betet, um sich den Händen Gottes zu überlassen. Oder mit Rahner ausgedrückt: Gott zu erfahren im Nachdenken über unsere Alltagserfahrungen ist der erste, „nicht-elitär *allen* Menschen zugängliche Weg“[110].

Erste Wohnungen: Grundmetapher und Grunderkenntnis

Die ersten Wohnungen werden mit der Grundmetapher des Werkes eröffnet: „Als ich heute unseren Herrn anflehte, er möge durch mich reden – weil mir nicht so richtig einfiel, was ich sagen, noch wie ich mit der Erfüllung dieses Gehorsamsauftrags beginnen sollte –, bot sich mir an, was ich jetzt sagen will, sozusagen als eine Art Ausgangspunkt, nämlich unsere Seele als eine gänzlich aus einem einzigen Diamanten oder sehr klaren Kristall bestehende Burg zu betrachten, in der es viele Gemächer gibt, so wie es im Himmel viele Wohnungen gibt (Joh 14,2). Denn wenn wir es recht bedenken, Schwestern, so ist die Seele des Gerechten nichts anderes als ein Paradies, in dem er, wie er selbst sagt, seine Freuden erlebt (Spr 8,31). [...] Ich finde nichts, womit ich die gewaltige Schönheit einer Seele und ihre riesige Fassungskraft vergleichen könnte. Und tatsächlich, wie scharf unser Verstand auch sein mag, so dürfte er doch kaum ausreichen, sie zu begreifen, genauso wenig wie er ausreicht, um sich Gott auszudenken, der doch selbst gesagt hat, dass er uns nach seinem Bild und Gleichnis geschaffen hat (Gen 1,26). Nun, wenn das so ist – und so ist es –, dann gibt es keinen Grund, uns damit abzuplagen, die Schönheit dieser Burg begreifen zu wollen. Denn da sie von Gott so verschieden ist wie der Schöpfer vom Geschöpf, da sie ja Geschöpf ist, genügt schon die Aussage Seiner Majestät, dass sie nach seinem Bild geschaffen ist, so dass wir kaum imstande sind, die große Würde und Schönheit der Seele zu begreifen“ (1M 1,1).

Wir haben es demnach mit einer transparenten, leuchtenden Burg zu tun, die aus sieben Wohntrakten mit jeweils vielen Wohnungen besteht, die nicht unbedingt als konzentrische Kreise zu verstehen sind: „Ihr dürft euch diese Wohnungen nicht wie aufgereiht, eine hinter der anderen, vorstellen, sondern richtet eure Augen auf die Mitte, die der Raum oder Palast ist, wo der König weilt, und denkt euch das wie eine Zwergpalme, die viele Schalen hat, die all das Köstliche umgeben, um an das, was essbar ist, heranzukommen" (1M 2,8). Das Gemach, in dem Gott als Herr der Burg wohnt und wie die Sonne der Gerechtigkeit alles klärt, liegt in der Mitte. Teresa selbst schreibt im zitierten Text, dass sich ihr ein solches Bild beim Beten „anbot", und verweist auf die Bibel: in der Burg gibt es viele Gemächer, „so wie es im Himmel viele Wohnungen gibt (Joh 14,2)".

In der Forschung[111] fehlt nicht das Verständnis der Burgmetapher als „übernatürliche" Eingebung, als naheliegende Metapher für ihre mystische Erfahrung, als Ausdruck archetypischer Universalität im Sinne der Theorien von Carl Gustav Jung und Mircea Eliade, oder als Ergebnis der Lektüre von spirituellen Autoren ihrer Zeit wie Francisco de Osuna und Bernardino de Laredo, die auch von der Seele als „innerer Burg" sprechen. Ebensowenig fehlt der Hinweis auf die Ritterromane als Inspirationsquelle, oder auf ihre Heimatstadt Ávila, die gänzlich von einer Ringmauer umschlossen ist und zur Zeit Teresas noch eine prächtige Burg besaß, oder auf die aristotelische Kosmogonie mit ihren sieben Himmeln, da Teresa zweimal in ihrem Werk[112] das Empyreum (cielo empírico) oder siebten Himmel nennt. Aber all diese Erklärungsversuche vermögen nicht zu befriedigen.

Es fehlt auch nicht der Verweis auf erstaunliche Analogien mit „islamischen“ Quellen. Miguel Asín Palacios hat bereits 1946 auf die Burgmetapher in der islamischen Mystik hingewiesen.[113] Al-Ghazālī vergleicht das Herz des Menschen mit einer Burg, die von vielen Feinden belagert wird, wobei der Satan wie ein bellender Hund außen herumgeht und in die Burg eindringen möchte. Ibn Atā Allāh aus Alexandrien spricht in seinem Werk *Kitāb al-tanwīr* (um 1307) von den Wohnungen der mystischen Gewissheit und vergleicht diese mit den Mauern und den Burgen einer Stadt. Die entscheidende Prägung erhält die Burgmetapher für Asín Palacios im 16. Jahrhundert, nämlich im Werk *Nawādir*, das Ahmad al-Qalyūbī zur Zeit Teresas kompilierte. Darin ist von sieben Burgen, die Gott für die Kinder Adams geschaffen hat, die Rede. Gott hält sich innerhalb der Burgen auf, um die Satan herumgeht, bellend wie ein Hund und auf einen Mauerbruch hoffend, um hinein zu gelangen und Unruhe zu stiften. Der geistliche Weg führt durch die Burgen, die in konzentrischen Kreisen angeordnet und aus verschiedenen Materialien (aufsteigend von weniger wertvollen Stoffen zu den edelsten) gebaut sind, und die kleine, innerste Burg als Ort der Kontemplation Gottes besteht aus reinem Gold.[114]

Luce López-Baralt hat in der islamischen Mystik weitere Belege aus dem 9. und 14. Jahrhundert für die Burgmetapher im Sinne des *Nawādir* gesammelt,[115] nämlich in der Schrift *Maqāmāt al-qulūb* (Wohnungen der Herzen) von Abū-l-Hasan al Nūrī (gest. um 840) und bei Mūsà al-Damīrī (gest. Ende 14. Jh.).[116] López-Baralt fasst zusammen: „Wir haben es ganz offensichtlich mit einem Bild zu tun, das während vieler Jahrhunderte im Islam allgemein geläufig war.“[117]

Und dennoch: weder Asín Palacios noch López-Baralt postulieren eine direkte literarische Abhängigkeit Teresas von den genannten islamischen Quellen. Sie vermuten, können es aber nicht nachweisen, dass der islamische Einfluss im Umfeld der Morisken im Spanien des 16. Jahrhunderts zu suchen ist, in der schriftlichen wie in der mündlichen Tradition. Das wäre nicht verwunderlich, denn in einer Gesellschaft wie der spanischen, die im Banne der „mystischen Fabel" (Michel de Certeau) und des inneren Betens (Marcel Bataillon) stand und zahlreiche *conversos* aus dem Judentum und dem Islam in ihrem Schoße hatte, war die Kenntnis der jüdischen und der islamischen Mystik weit verbreitet: Sie lag sozusagen in der Luft. Einige Nuancierungen sind allerdings nötig:

Erstens ist die arabische oder islamische Theorie eine unter vielen, und sie wird heute weniger denn je als „exklusive" Theorie verstanden. Wenn sich der Einfluss der islamischen Mystik nachweisen ließe, wäre dies keine Anomalie, sondern eine Art „kulturelle Restitution": Die spanischen Mystiker hätten sich von den asketischen Traktaten der Sufi inspirieren lassen, weil sie darin keine genuin islamische Lehre sahen, sondern ein von den Muslimen weiterentwickeltes christliches Gedankengut.[118]

Zweitens betreffen die Analogien nicht das Wesentliche, das unterscheidend Christliche, sondern sind bloß formeller Natur. Sie betreffen den Stil der Prosakommentare (zirkelhafte Kommentare, polyvalente und aleatorische, spirituelle Fachsprache) und einige darin vorkommende Symbole und Sprachbilder. Der islamische Einfluss ist vermutlich größer bei den heterodoxen Formen der christlichen Mystik: bei den *alumbrados* und dem Quietismus.[119]

Drittens gleicht die Versprachlichung mystischer Erfahrung dem schöpferischen Entstehungsprozess der Dichtung: so wie die Dichter aus ihren eigenen Lektüren und dem, was in der Luft ist, kreativ schöpfen, um die Sprachbilder und Figuren ihrer Texte zu gestalten, und dabei die Quellen ihrer Inspiration nicht nennen (nicht zuletzt, weil sie auch nicht imstande sind, diese ganz genau zu identifizieren), so verhält es sich auch bei den Mystikern. Dass wir letztlich „die" Quelle der „Nachtsymbolik" oder des „einsamen Vogels" bei Johannes vom Kreuz oder der „inneren Burg" bei Teresa von Ávila nicht kennen, ist nicht verwunderlich, wissen wir ja auch nicht, woher Miguel de Cervantes seinen *Don Quijote* geschaffen hat, auch wenn darin viele Analogien mit diesem und jenem Ritterroman oder historischen Gestalten wie Bartolomé de Las Casas zu finden sind.[120]

Viertens ist Teresa mit der Feder so begnadet und in der Versprachlichung ihrer Erfahrung so originell, dass sie allem, was sie aus anderen Quellen entnommen haben mag, den eigenen Stempel aufdrückt.

Fünftens versucht sie ihre Sprachbilder, gleich woher sie diese genommen hat, zunächst mit der Bibel zu erklären, weil die Heilige Schrift und der Glaube das Vorverständnis zur Versprachlichung ihrer mystischen Erfahrung bilden.

Und vor allem ist dies zu bedenken: Bei allen Analogien zur islamischen Mystik handelt es sich bei Teresa um eine genuin christliche Mystik, die durch das unterscheidend Christliche geprägt ist, wie dies auch in ihrem Umgang mit der Burgmetapher unverkennbar ist. Dies liegt zum einen an der Wohnungssemantik. Das damalige wie das heutige Spanisch kennt dafür viele Begriffe: *habitación, mansión, estancia, aposento, morada.* Dass Teresa von *morada(s)* spricht, hat sicherlich mit der biblisch-spirituellen Konnotation des Begriffs zu tun, auf die sie mit Joh 14,2 verweist. Die spirituelle Sprache war nicht zuletzt durch die erste spanische Übersetzung des Neuen Testamentes aus dem Griechischen geprägt, die der Humanist Francisco de Enzinas 1543 in Antwerpen drucken ließ und bis zur geistigen Wende Ende der 1550er-Jahre mit dem radikalen Verbot der volksprachlichen Bibelübersetzungen breite Verbreitung fand. An drei für die Burgmetapher entscheidenden Stellen des Johannesevangeliums ist dort von *morada(s)* bzw. vom Zeitwort *morar* die Rede. Joh 1,38 heißt: „Maestro, dónde *moras?*" („Meister –, wo wohnst du?"). Joh 14,2 lautet: „En casa de mi padre hay muchas *moradas*" („Im Haus meines Vaters gibt es viele Wohnungen"). Und Joh 14,23, die biblische Matrix der teresianischen Mystik der Einwohnung Gottes in uns, wird so übersetzt: „Si alguno me ama a mí, guardará mi palabra, y mi padre le amará a él, y vendremos a él, y haremos en él *morada*" („Wenn jemand mich liebt, wird er an meinem Wort festhalten; mein Vater wird ihn lieben, und wir werden zu ihm kommen und bei ihm wohnen"). Selbstverständlich spricht Francisco de Osuna in seinem *Tercer abecedario espiritual*, das Teresa bekanntlich als ihren „Lehrmeister" betrachtete, auch von *morada(s)*, wenn er darin zweimal auf Joh 14,23 verweist, fast in derselben Sprache der Übersetzung Enzinas': „Si alguno me ama, guardará mi palabra, y mi Padre lo amará, y a él vendremos, y con él haremos *morada*."[121] Mag Osuna dies als Verheißung für die himmlische Zukunft verstehen, während Teresa dies in diesem Leben erfahren hat: Wichtig ist hier zunächst, dass die Wohnungssemantik Teresas auf das Sprachspiel des Johannesevangeliums verweist. Die innere Burg, unsere Seele als das Allerinnerste des Menschen, ist der Ort, an dem Gott wohnt und wartet, dass wir uns in Liebe, d. h. im Festhalten an seinem Wort wie Maria, ihm zuwenden. Der mystische Weg nach innen als Weg der Liebe zu Gott ist aber kein solipsistischer, spiritueller Narzissmus, sondern die Voraussetzung für den Weg nach außen, zum Vollzug der Gottesliebe in der Nächstenliebe.

Zum anderen ist über die Semantik hinweg auch das christliche Heilsnarrativ in der Grundmetapher Teresas deutlich erkennbar. Die Sonne, die alles klärt, ist der Zusammenhang von Gotteserkenntnis und Selbsterkenntnis, denn Gott kennt uns besser als wir uns selber kennen. Dazu gehört die grundlegende Differenz zwischen Schöpfer und Geschöpf, das Bewusstsein unserer Würde als Gottes Bild und Gleichnis, und schließlich auch die theandrische Struktur der Menschwerdung. Teresa kann das nicht mit der oben zitierten, klaren Aussage des Zweiten Vatikanischen Konzils in *Gaudium et spes* 22 ausdrücken, dass „der Sohn Gottes" sich „in seiner Menschwerdung gewissermaßen mit jedem Menschen vereinigt" hat, so dass alle Menschen eine „göttliche Berufung" in sich tragen. Aber sie hat die große Intuition, dass alle Menschen eigentlich bereits „in der Burg" sind, d. h. wir sind von Anfang an von der Gnade und Liebe Gottes umfangen, der bei uns Wohnung genommen hat: „Denn du hast mein Inneres geschaffen, mich gewoben im Schoß meiner Mutter" (Psalm 139,13), oder anders ausgedrückt: „Der Herr hat die Weisheit erschaffen, gesehen und gezählt und sie ausgegossen über all seine Werke; bei allem Fleisch ist sie gemäß seiner Gabe und er hat sie denen gewährt, die ihn lieben" (Sir 1,9–10).[122]

Nun, „zwischen drinnen sein und drinnen sein" gibt es für Teresa „einen großen Unterschied". Viele Menschen sind sich ihrer göttlichen Berufung nicht bewusst: dass Gott uns als sein Ebenbild geschaffen und zur Freundschaft mit ihm bestimmt hat. Viele wissen nicht, „was es an diesem kostbaren Ort alles gibt, noch wer drinnen ist, noch was es da für Gemächer gibt. Ihr werdet schon gehört haben, dass man der Seele in manchen Büchern über inneres Beten rät, in ihr Inneres einzutreten; genau darum geht es" (1M 1,5). Francisco de Osuna z. B., unterschied zwischen verschiedenen Formen der Gottsuche: in den Armen, im Studium der Heiligen Schrift, im Gebet, in der Buße, in Wallfahrten. Auch wenn all diese Formen gut sind, ist für Osuna die Gottsuche im eigenen Herzen die beste: „Denn der Herr sagt: ‚Das Reich Gottes ist inwendig in Euch'"[123] (Lk 17,21). Damit stellt sich Teresa in die Tradition des *recogimiento* – mit eigenen Akzenten.

Es geht darum, dass wir den Mut haben, in die *conformatio*, die Christusförmigkeit hineinzuwachsen. Dabei ist es nicht wichtig, in welchen Wohnungen wir uns befinden – den einen wird mehr, den anderen weniger an Gotteserfahrung gegeben, und manche verweilen immer nur in den ersten Wohnungen –, solange wir uns nach dieser Sonne orientieren und „die Augen auf Christum richten", den Mensch gewordenen Gott. Daher Teresas dringende Ermahnung an alle Menschen: „Geht hinein, geht hinein ins Innere" (3M 1,6), und „Richtet eure Augen auf die Mitte" (1M 2,8). Und dies im Bewusstsein, dass Gott, „dieser wahre Liebhaber", nicht ausziehen, uns nicht „im Stich" lassen wird (vgl. 2M 1,4; 7M 1,8). Die Sprache des gesamten Werkes ist eine metaphorische, und Teresa ist sich dessen wohl bewusst, dass alle Bilder letztlich nur unzureichende Annäherungen an die unsagbare Größe Gottes sind, dessen Zärtlichkeit, Glanz und Wärme sie unter den Bedingungen ihres irdischen Daseins erleben durfte.

Hinwendung zu Gott und die Tücken des Engels des Lichtes

Gerade um die Hinwendung zu Gott geht es in den ersten Wohnungen. Sie sind der Ort der Selbsterkenntnis im Angesichte Gottes, der Beantwortung der Frage „Wer bin ich?“: „Ist es nicht jammerschade und beschämend, dass wir uns selbst durch eigene Schuld nicht verstehen noch wissen, wer wir sind?“ (1 M 1,2). In diesen Wohnungen geht es um die Bewusstwerdung unserer Würde als Bild und Gleichnis Gottes (vgl. Gen 1,26 und Ps 8,5–6), aber auch unserer Geschöpflichkeit, Niedrigkeit und „Sündhaftigkeit“, d.h. Erlösungsbedürftigkeit. Dazu bedarf es vor allem der „Demut“: in diesem Leben „gibt es für uns nichts Wichtigeres als die Demut“ (1M 2,9). Sie wirkt für Teresa „immer wie die Biene, die im Stock den Honig bereitet (denn ohne ist das ist alles umsonst)“ (1M 2,8). Gemeint ist der Honig der Selbsterkenntnis. Gemäß der augustinischen Tradition fließen bei Teresa Selbsterkenntnis und Gotteserkenntnis zusammen: „Meines Erachtens kommen wir mit der Selbsterkenntnis an kein Ende, wenn wir uns nicht auch bemühen, Gott zu erkennen. Beim Anblick seiner Größe mag uns unsere Unzulänglichkeit aufgehen, und beim Anblick seiner Reinheit werden wir unseren Schmutz sehen; bei der Betrachtung seiner Demut sehen wir, wie viel uns fehlt, um demütig zu sein“ (1M 2,9). Auch hier steht Teresa in der Tradition des *recogimiento*, hatte doch ihr „Lehrmeister“ Francisco de Osuna gesagt, der Sinn der Demut in dieser spirituellen Bewegung bestehe darin, dass wir uns unseres Selbst entledigen: „damit Gott in unserem Herzen besser wohnen kann“.[124]

„Erforsche mich, Gott, und erkenne mein Herz,
prüfe mich und erkenne mein Denken!
Sieh her, ob ich auf dem Weg bin, der dich kränkt,
und leite mich auf dem altbewährten Weg“ (Ps 139,24).

So betet der Psalmist. Sich Gott zu stellen heißt, schonungslose Selbsterkenntnis zu betreiben, es heißt, sich auf einen Läuterungsprozess einzulassen, der schmerzlicher und gründlicher als jede Psychoanalyse ist: dem Therapeuten kann schließlich die eine oder andere Ecke unseres Selbst verborgen bleiben, aber Gott können wir nichts vormachen:

„Ob ich sitze oder stehe, du weißt von mir,
von fern erkennst du meine Gedanken [...]
Wohin könnte ich fliehen vor deinem Geist,
wohin mich vor deinem Angesicht flüchten? [...]
Denn du hast mein Inneres geschaffen,
mich gewoben im Schoß meiner Mutter“ (Ps 139,2,7,13).

Zum christlichen Narrativ gehört auch das Wissen, dass „der Fürst dieser Welt“, „der Vater der Lüge“, der sich bekanntlich als „Engel des Lichts“ oder „Luzifer“ verkleidet, gerade diese bewusste Hinwendung zu Gott, das Hineinwachsen in die Christusförmigkeit verhindern möchte – und uns an deren Stelle die Hybris vorschlägt, gleich „wie Gott“ werden zu können, wenn uns die Augen der Selbsterkenntnis anders aufgehen (Gen 3,5). Daher die Warnungen Teresas, „nicht nachlässig zu sein, um die Tücken des Bösen zu durchschauen, damit er sich nicht zum Engel des Lichts macht und uns überlistet“ (1M 2,15), indem er „unsere Selbsterkenntnis“

verdreht (1M 2,11). Das ist nicht altmodische, asketische Sprache, sondern eine erfahrbare Realität durch all die Menschen, die Selbsterkenntnis und Gotteserkenntnis verbunden haben. In anderen Zusammenhängen verwies auch ein Dietrich Bonhoeffer auf „die große Maskerade des Bösen“[125], die der Engel des Lichtes bewirkt, indem er alle ethischen Begriffe ins Gegenteil verkehrt, ohne dass wir es merken.

Das Gebet als Eingangstor

Wir sahen oben, dass für Teresa wir alle schon „in“ der Burg sind, und dass sie dann die bewusste Hinwendung zu Gott das „Eingehen“ in die Burg nennt. Im Sprachbild bleibend ist das „Eingangstor“ für sie das innere Beten. Denn das ist der Weg der Vollkommenheit bzw. der Christusförmigkeit schlechthin und der *cantus firmus* ihrer mystischen Erfahrung. Daher betont sie in den ersten Wohnungen das Wesentliche ihres Gebetsverständnisses als *„trato de amistad“*, als Freundschaftspflege mit Gott, und sie schließt darin das mündliche Gebet ein, sofern es vom inneren Beten begleitet wird: „Denn soviel ich verstehen kann, ist das Eingangstor zu dieser Burg das innere Beten und die Betrachtung, und damit meine ich das mündliche nicht weniger als das betrachtende; um nämlich Gebet zu sein, muss es immer mit Betrachtung einhergehen. Denn ein Beten, das nicht darauf achtet, mit wem man spricht und was man erbittet, wer der Bittsteller ist und von wem er es erbittet, das nenne ich kein Gebet, auch wenn man dabei noch so sehr die Lippen bewegt“ (1M 1,7).

Menschen ohne inneres Beten sind für Teresa „wie ein Körper mit Gicht und Lähmung [...], der zwar Hände und Füße hat, sie aber nicht steuern kann“ (1M 1,6). Diese Menschen haben sich so sehr daran gewöhnt, in den Geschäften dieser Welt, d.h. „mit Äußerlichkeiten beschäftigt“ zu sein, „dass ihnen nicht zu helfen ist“ (1M 1,6). Nicht diese Menschen, denen der Herr auch entgegenkommen kann, wann und wie er immer möchte, will Teresa mit ihrem Buch primär ansprechen, sondern solche, die, obwohl noch „tief in die Welt verstrickt“, so doch immerhin ein Verlangen nach dem Guten spüren und sich manchmal, „wenn auch nur dann und wann“, unserem Herrn empfehlen und darüber nachsinnen, „wer sie sind, wenn auch nicht so bedächtig“ (1M 1,8). Gemeint sind nicht nur die Nonnen, sondern auch Alltagschristen, deren Herz nicht ganz bei den Dingen dieser Welt gefangen ist, vielmehr durchschauen sie ihre Vergänglichkeit und halten die Flamme der Sehnsucht nach dem *Solus Deus* wach: „Endlich treten sie dann in die ersten Räume der unteren Wohnungen ein, aber zusammen mit ihnen dringt so viel Ungeziefer mit ein, dass es sie daran hindert, die Schönheit der Burg zu sehen und zur Ruhe zu kommen. Sie tun schon viel, dass sie hineingegangen sind“ (1M 1,8).

Wichtig sind Teresa dabei sowohl die Freiheit beim Beten als auch das richtige Maß, „denn die Dinge der Seele muss man sich immer in Fülle und Weite und Größe vorstellen“. Daher empfiehlt Teresa als wichtig „für jede Seele, die sich dem inneren Beten wenig oder viel hingibt [...], dass man sie nie in einen Winkel einzwängt oder einengt. Man lasse sie durch diese Wohnungen streifen, aufwärts und abwärts und nach den Seiten hin. Da ihr Gott eine so große Würde verliehen hat, soll sie sich nicht zwingen, lange Zeit in einem einzigen Raum zu bleiben, und sei es in dem der Selbsterkenntnis!" (1M 2,8). Teresa, die im *Buch meines Lebens* (V 27,16–20; V 30,5–6; V 36,20) die extreme Askese des Petrus von Alcantara gelobt hatte, schreibt nun, dass „Übertreibungen" nicht gut wären, „und sei es in der Tugend" (1M 2,10). Das richtige Maß bestehe darin, „zu wenig und zu viel" zu vermeiden, denn das verderbe das Spiel. Man solle sich an die Bienen halten und bedenken, „dass eine Biene es nicht versäumt hinauszufliegen, um Blüten auszusaugen. So halte es die Seele mit der Selbsterkenntnis: Sie glaube mir und fliege dann und wann hinaus, um die Größe und Majestät ihres Gottes zu betrachten; dort wird sie ihre Unzulänglichkeit besser und freier von Ungeziefer, das in die ersten Räume – also in die Selbsterkenntnis – mit eindringt, entdecken als in sich selbst" (1M 2,8).

Was kann nun ein nützliches Gebet in diesen ersten Wohnungen der radikalen Hinwendung zu Gott und der demütigen Selbsterkenntnis in seinem Angesichte sein? Teresa deutet an, dass sie vor allem an das Gebet des Blinden bei Jericho denkt: „Jesus, Sohn Davids, hab Erbarmen mit mir!" (Lk 18,38). Die Betrachtung dieses Gebetes kann hilfreich sein, aber es gibt auch andere Möglichkeiten, die jeder in großer Freiheit üben sollte. So etwa der bereits zitierte Psalm 139 oder Psalm 51 als Bitte um Vergebung und Neubeginn, oder die Bitte aus dem Vaterunser nach Vergebung unserer Schuld, oder auch die Worte des „verlorenen Sohns": „Ich will aufbrechen und zu meinem Vater gehen" (Lk 15,18). Die Hauptsache ist: Wir machen uns redlich auf den Weg zum dreifaltigen Gott, der Sonne, dem Licht, der in der Mitte der Burg, d. h. im Seelengrund, Wohnung genommen hat (Joh 14,23), um darin seinen „Lustgarten" zu haben, der uns besser kennt, als wir uns selber kennen, und der uns unaufhörlich zu seinem Bilde umformen möchte.

Zweite Wohnungen: Ausdauer beim inneren Beten

Die zweiten Wohnungen bestehen aus einem einzigen Kapitel. Teresa schreibt hier darüber wenig, weil sie, wie sie sagt, sich an anderer Stelle „bereits ausführlich" dazu geäußert hat. Gemeint sind die Werke *Buch meines Lebens* und *Weg der Vollkommenheit*. Darin sowie hier geht es um die „Anfänger", d. h. um die Menschen, die begonnen haben, das zarte Pfeifen des guten Hirten zu vernehmen und das innere Beten zu pflegen, weil sie sich in die Burg hinein berufen fühlen. Zugleich aber geht es um die Trockenheit des Anfangs, um die Versuchungen und Hindernisse, sowie um die Mittel dagegen: „Denn das sind nicht die Wohnungen, in denen es Manna regnet, die liegen weiter innen, wo alles nach dem schmeckt, was eine Seele möchte, weil sie nur noch das möchte, was Gott möchte" (2M 1,7). Hier sind wir „noch inmitten von tausend Hindernissen und Unvollkommenheiten, und die Tugenden haben noch nicht einmal das Laufen gelernt, sondern eben erst zu sprießen angefangen" (2M 1,7). Diese Wohnungen entsprechen der Wüstenwanderung des Volkes Israel, sie sind voller Gefahren (von Ungeziefer, Giftzeug, Schlangen und Vipern, spricht Teresa plastisch) und eine Zeit der Prüfung: Wollen wir auf dem mühsamen Weg der Selbsterkenntnis/Gotteserkenntnis/*conformatio* weitermachen oder eher dem „Versucher" folgen, der unsere „Entschlossenheit" zum inneren Beten und zur Nachfolge Jesu ins Wanken bringen möchte, indem er uns immer wieder an die Töpfe Ägyptens erinnert? Neben „Ausdauer" beim inneren Beten ist hier wichtig, „auf der Hut zu sein" (1M 2,18; 2M 1,6; 1,8), wie Teresa öfter sagt.

Die Versuchungen

Die Stimme und Rufe des Herrn sind hier nicht wie in den vierten Wohnungen, wo sie nur innerlich vernommen werden. Hier kommen sie eher durch die äußeren Sinne, z. B. „durch Worte, die man von guten Leuten vernimmt, oder in Predigten oder durch das, was man in guten Büchern liest, und durch viele Dinge, von denen ihr gehört habt, dass Gott durch sie ruft, oder auch durch Krankheiten und Schwierigkeiten, ferner durch eine Wahrheit, die er uns in den Augenblicken lehrt, in denen wir im inneren Beten verweilen" (2M 1,3). Wir sind hier bei der ersten Stufe des inneren Betens, beim mühsamen Schöpfen des Wassers aus einem tiefen Brunnen, wie Teresa anderswo sagt (vgl. V 11,9); und das kostet uns bekanntlich große Anstrengung. Zudem sind der Verstand und die anderen Seelenvermögen nicht beruhigt und noch nicht auf den Herrn ganz ausgerichtet, sondern zerstreut und vielfach abgelenkt. Teresas Sprache wird martialisch: „Es prasselt Schläge und Geschützdonner mit solcher Wucht, dass die Seele sie nicht überhören kann. Denn hier geschieht es, dass die bösen Geister diese Schlangen in Form von weltlichen Dingen vor Augen führen und deren Befriedigungen nahezu Ewigkeitswert zuschreiben, also der Wertschätzung, die man in ihr genießt" (2M 1,3). Teresa spricht auch von einer Grundversuchung in dieser Anfangsphase, nämlich von der Verwandlung der geistlichen Demut in geistlichen Hochmut, etwa, indem wir große Wünsche hegen, die Heiligen nachahmen und das Martyrium herbeisehnen, oder indem wir denken, wir seien doch sehr geistlich. Dies und viele andere Ablenkungen gehören für Teresa zu der List des Engels des Lichtes.

Das Kreuz umfassen

Gegen diese Versuchungen empfiehlt uns Teresa verschiedene Mittel, allen voran Demut, Ausdauer, Beharrlichkeit und guten Willen, denn der Glaube lehre uns, dass dieser Weg sinnvoll ist. Wir sollten auch versuchen, die Seelenvermögen anders zu beschäftigen. Das Gedächtnis kann uns die Vergänglichkeit dieser Welt vor Augen führen, dass alles hier Schall und Rauch ist, und dass es sich folglich nicht lohnt, unser Herz an die Dinge dieser Welt zu verlieren, sondern dass wir uns bemühen sollten, uns ganz auf die „besonders wertvolle Perle" (Mt 13,46) auszurichten. Der Wille kann uns zeigen, dass Gott als wahrer Liebhaber uns nie im Stich lässt, uns begleitet und Leben und Sein gibt, so dass es sich lohnt, unseren Willen auf den Willen Gottes einzustimmen. Darin besteht für Teresa nämlich der Sinn des inneren Betens, denn diese Willensvereinigung sei „die höchste Vollkommenheit [...], die man auf dem geistlichen Weg erlangen kann" (2M 1,8). Der Verstand kann verstärkend dazukommen und uns klarmachen, dass wir keinen besseren Freund gewinnen könnten, „die ganze Welt aber voller Falschheit sei und jene Vergnügungen, die ihm der Böse vor Augen führt, voller Mühsal, Sorgen und Widersprüchen" (2M 1,4). Für Teresa sind das „Argumente, um die bösen Geister zu besiegen“ (2M 1,5). Vieles ist darin gewiss in der Frömmigkeitssprache des 16. Jahrhunderts ausgedrückt, es bleibt aber im Kern gültig. Die „Ausdauer“ besteht für Teresa vor allem in der Pflege des inneren Betens und im Ausrichten unserer Seelenvermögen auf die Betrachtung des Lebens und Leidens Jesu, denn in dieser Phase ist die bildhafte, gegenständliche Meditation sehr wichtig. Weiterhin martialisch sagt Teresa, „dass es keine besseren Waffen gibt, als die des Kreuzes“ (2M 1,6). Und sprachgewaltig erteilt sie uns diesen Rat: „Umfasst das Kreuz, das euer Bräutigam auf sich nahm, und begreift, dass dies eure Aufgabe zu sein hat“ (2M 1,7). Die „Kreuzestheologie“ Teresas kommt auch in einem Gedicht (P 8) zur Sprache:

> „Im Kreuz sind Leben und Trost,
> es allein ist der Weg himmelswärts.“

Bildhafte Meditation

Eine solche Sprache könnte uns dazu verleiten, Teresas Mystik als „Leidensmystik“ zu bezeichnen, wie dies vielfach der Fall gewesen ist. Aber sie ist vor allem, wie jede christliche Mystik, eine „Liebesmystik“. Denn die bildhafte Betrachtung des Lebens und Leidens Jesu ist ein Mittel, ihn und die Menschen mehr zu lieben, ein Weg, sich existentiell dessen bewusst zu werden, dass Menschwerdung und Kreuzestod Jesu nicht nur „für uns“, so allgemein gesagt, stattfanden, sondern ganz besonders „für mich“. Auch für Luther war der Zweck der Passionsmeditation, dass wir angesichts des Gekreuzigten in Selbsterkenntnis, d. h. in Erkenntnis unserer Niedrigkeit, wachsen und das „pro me" gläubig annehmen, wie er 1519 in seinem *Sermon von der Betrachtung des heiligen Leidens Christi* festhielt: „Diejenigen bedenken das Leiden Christi recht, die es so anschauen, dass sie im Herzen davor erschrecken und ihr Gewissen alsbald in ein Verzagen versinkt [...] Und wenn Du recht tief bedenkst, dass Gottes Sohn, die ewige Weisheit des Vaters, selbst leidet, so wirst du wohl erschrecken und je mehr, je tiefer du das bedenkst [...] Darum wenn du die Nägel Christi siehst durch seine Hände dringen, glaube sicher, dass es deine Taten sind [...] In diesem Punkt muss man sich gar wohl üben, denn der Nutzen des Leidens Christi liegt in hohem Maß daran, dass der Mensch zur Erkenntnis seiner selbst kommt, vor sich selbst erschrickt und zerschlagen wird. Und wo der Mensch nicht dahin kommt, ist ihm das Leiden Christi noch nicht recht nützlich. Die ihm eigene, natürliche Wirkung des Leidens Christi ist nämlich, dass es den Menschen Christus gleichförmig (conformare) macht [...] Es geht auch hier nicht um viele Worte, sondern um tiefes Nachdenken und großes Achthaben auf die Sünden [...] Du musst dem Bild und Leiden Christi gleichgestaltet werden." Diese *conformatio* oder Gleichgestaltung mit Christus ist für Luther das Ziel der Meditation, und er betont dabei, dass alles Gottes Werk ist: „Hier richtet das Leiden Christi sein rechtes, eigentliches, vorzügliches Werk aus, tötet den alten Adam [...] Weil ein solches Tun nicht in unserer Hand liegt, geschieht es, dass wir zuweilen darum bitten und es doch nicht zur selben Stunde erlangen. Dennoch soll man nicht verzagen oder aufhören zu bitten. Zuweilen kommt es zu uns, ohne dass wir darum bitten, wie Gott je und je zu geben weiß und will. Denn sein Geben will frei sein und nicht gebunden."[126]

Im *Buch meines Lebens* empfiehlt Teresa dem Verstand: „Er kann sich vorstellen, bei Christus zu sein, und es sich zur Gewohnheit machen, sich sehr in seine heilige Menschheit zu verlieben, ihn immerfort bei sich zu haben und mit ihm zu sprechen, ihn in seinen Nöten zu bitten, sich in seinen Plagereien bei ihm zu beklagen, in glücklichen Stunden sich mit ihm zu freuen und ihn deswegen nicht zu vergessen, ohne sich um vorformulierte Gebete zu bemühen, sondern mit Worten, wie sie seinen Wünschen und seinem Bedürfnis entsprechen. Dies ist ein ausgezeichnetes Mittel, um voranzukommen, und dazu in sehr kurzer Zeit." Beten ist dann ein bewusstes Leben „in der erlesenen Gesellschaft Jesu" (V 12,2). Im selben Buch konkretisiert Teresa dieses Meditieren des Lebens und Leidens Jesu anhand einer Übung, die ihr besonders teuer war, nämlich das Nachdenken über „Christus an der Säule": Es ist gut, „das eine Weile zu bedenken, und an die Schmerzen zu denken, die er dort erlitt, und warum er sie erlitt, wer derjenige ist, der sie erlitt, und mit welcher Liebe er sie erlitt" (V 13,22). Dann relativiert sie dieses Nachdenken und betont, dass es vor allem darum geht, liebevoll „bei Jesus" zu sein: „Doch sollte man sich nicht immer damit ermüden und auf die Suche danach gehen, sondern auch einfach bei ihm verweilen und mit dem Verstand schweigen, und falls möglich, ihn damit beschäftigen, den anzuschauen, der mich anschaut, bei ihm zu bleiben, mit ihm zu sprechen, ihn zu bitten, sich vor ihm in Demut zu beugen und an ihm zu freuen, und zu denken, dass man es nicht verdient, bei ihm zu sein" (V 13,22). Teresa spricht nicht vom Hörensagen, wie viele Theologen, sondern aus Erfahrung: „Wenn man das zu tun vermag, und sei es auch nur am Anfang, wenn man mit dem inneren Beten beginnt, dann wird man großen Nutzen davon haben; diese Art des Betens bringt viele Vorteile, zumindest fand meine Seele sie darin“ (V 13,22).

Wir wissen, dass Teresa das Nachdenken über „Christus an der Säule“ sehr liebte. Vor einem solchen Bild geschah 1544 die entscheidende Wende in ihrer Bekehrung, und bei allen Klostergründungen hatte sie dabei eine kleine Figur des gegeißelten Christus. Die spanische, nachtridentinische Frömmigkeit der Zeit pflegte eine sehr realistische Darstellung des Leidens in Skulpturen Jesu, der Jungfrau und der Heiligen. Auch die Mystiker liebten sie, aber sie waren zugleich bemüht, den Missbrauch zu vermeiden. Daher erinnert Johannes vom Kreuz in seinem Buch *Aufstieg auf den Berg Karmel* an die Lehre der Kirche beim Trienter Konzil: „Die Verwendung von Bildern hat die Kirche hauptsächlich für zwei Zwecke angeordnet, nämlich um in ihnen die Heiligen und durch sie das Empfinden zu ihnen zu bewegen und die Andacht zu ihnen zu wecken. Insofern, als sie dazu dienen, sind sie von Nutzen und ist ihre Verwendung notwendig“ (3S 35,3).

Den Rat erfahrener Personen suchen

Als weiteres Mittel gegen die List des Engels des Lichtes empfiehlt Teresa, „sich mit erfahrenen Personen zu besprechen“ (2M 1,10). Im Idealfall meint sie damit „Studierte“, d. h. Theologen, die auch über geistliche Erfahrung im inneren Beten verfügen. Aber sie ist klug genug, um zu wissen, dass der Umgang mit guten Theologen für die Unterscheidung der Geister immer nützlich ist, „sofern sie tugendhaft sind“ (V 5,3): „Und man soll sich nicht täuschen, indem man sagt, dass Studierte ohne inneres Beten nichts sind für den, der es hält“ (V 13,18). Zu Teresas Zeit hegten die akademischen Theologen Argwohn gegen spirituelle Autoren, die inneres Beten oder „mystische Theologie“ als ein existentielles Auskosten der Liebe Christi betonten und es den Frauen oder den Laien empfahlen. Teresa und Johannes vom Kreuz kennen dieses „Wespennest“ und betonen die Komplementarität von mystischer und scholastischer Theologie. Aber beide nehmen kein Blatt vor den Mund, wenn es darum geht, die schlechten Theologen und Seelsorger ihrer Zeit zu kritisieren. Johannes vom Kreuz hält z. B. fest, „dass Christus von denen, die sich für seine Freunde halten, sehr wenig gekannt wird“ (2S 7,12). Er denkt dabei nicht zuletzt an die Theologen und Kirchenführer, die es besser wissen müssten, oft aber eher um ihre Eitelkeit und ihre Karriere als um die Freundschaft mit Gott besorgt sind.

Aus ihrer jahrelangen Leidensgeschichte unter den Fehlurteilen und der Strenge mancher Beichtväter entwickelt Teresa eine Schule des klugen Umgangs mit ihnen. Sie ermahnt ihre Schwestern, den Theologen der Kirche zu vertrauen, auch wenn ihnen die mystische Weisheit fehle; zugleich aber betont Teresa mit Nachdruck, man solle eher den Rat „eines studierten und klugen und gottesfürchtigen Beichtvaters“ (6M 3,11) suchen; denn es gebe auch die „verschreckten Halbstudierten“ (5M 1,8), die der Seele mit schlechten Ratschlägen großen Schaden zufügen können, wie sie selbst bitter erfahren habe, als sie „keine mit so guten Studien“ zur Verfügung hatte, „wie ich mir gewünscht hätte“ (V 5,3; V 26,3). Klug empfiehlt uns Teresa, mehrere spirituelle Begleiter zu haben, um nicht vom Rat eines Einzelnen abhängig zu sein.

Nicht aufhören mit dem inneren Beten

Die zweiten Wohnungen, die von der Trockenheit der Wüstenwanderung und der Bedeutung von Demut und Ausdauer handeln, enden mit einer Ermutigung zur beharrlichen Pflege des inneren Betens „als Eingangstor zu dieser Burg“ (2M 1,11), d. h. mit einer Ermutigung, die Gesellschaft Jesu als *„trato de amistad“* zu suchen und betend und anbetend – sein Leben und sein Leiden betrachtend – beim ihm zu verweilen. Als Frau in der katholischen Kirche ihrer Zeit konnte Teresa weder Theologie studieren noch die Bibel lesen, die nur auf Latein zugänglich war. Aber sie spricht mit der Lehrautorität, die aus ihrer Erfahrung kommt: „Der Herr selbst sagt: Niemand wird zu meinem Vater hinaufgehen, außer durch mich (Joh 14,6) – ich weiß nicht, ob er es so sagt, ich glaube schon – und: Wer mich sieht, sieht meinen Vater (Joh 14,9). Wenn wir ihn aber nie anschauen und nie bedenken, was wir ihm verdanken und welchen Tod er für uns erlitten hat, dann weiß ich nicht, wie wir ihn kennen lernen oder in seinem Dienst Werke vollbringen könnten“ (2M 1,11).

Dritte Wohnungen: Das Dilemma des reichen Jünglings

Vielschichtig sind die dritten Wohnungen. Sie sind geprägt von der Suche nach Sicherheit inmitten der Erfahrung der Trockenheit beim inneren Beten, aber auch vom Ringen um die Entschlossenheit, das innere Beten dauernd zu pflegen und allein im Willen Gottes unseren Schatz zu haben. Wer das Dilemma des reichen Jünglings versteht und sich „aus Liebe“ für die Nachfolge Jesu entscheidet, wird nicht enttäuscht werden: Früher oder später wird sich die Erkenntnis einstellen, dass diese Welt vergänglich ist und es sich nur lohnt, unser ganzes Vertrauen auf Gott zu setzen.

Die rechte Gottesfurcht

„Glückselig der Mann, der den Herrn fürchtet“ (Ps 111,1), schreibt Teresa am Anfang der dritten Wohnungen, die man durch die Ausdauer beim inneren Beten und das Erbarmen Gottes erreicht hat. Hier geht es zunächst darum, wie wir sicher wissen können, dass wir bei aller Trockenheit in der Übung des inneren Betens auf dem richtigen Weg sind, nur nach Gottes Willen zu trachten. Die erste Empfehlung Teresas ist, sich in die richtige Gottesfurcht einzuüben, die ja der Anfang der Weisheit ist (Spr 1,7). Das heißt nicht, in Heilsangst bzw. -unsicherheit zu leben, wie Teresa manchmal im Sinne der katholischen Mentalität ihrer Zeit zu meinen scheint – nicht zuletzt, weil die Theologen es von ihr erwarteten. Vielmehr geht es um die mystische Grundweisheit, dass wir Gott nicht „besitzen" können, dass wir also bei aller Vertrautheit mit ihm im inneren Beten als *„trato de amistad"* großen Respekt vor ihm haben müssen: Denn Gott ist Gott und der Mensch ist Mensch, und es gilt, den Ernst der Nachfolge nach Mt 25 zu bedenken. Meisterhaft hat Calderón de la Barca diese Mentalität des Barocks in seinem Werk *Das Große Welttheater* ausgedrückt. Die allegorischen Gestalten – der Bettler, der Landmann, der Reiche, der Weise, die Welt, die Schönheit, aber auch der König – hören bei Calderón immer wieder, wie der Meister und die Chöre mit mächtiger Stimme rufen: „Tue recht! – Gott über euch!"

Nicht zuletzt deswegen nennt Teresa – im Spanien Philipps II.! – Gott oft „Seine Majestät". Das Wissen, dass man Gott nicht besitzen kann, führt auch zur Angst, ihn (für immer) zu verlieren. Das bedeutet „nichts anderes als viele Male zu sterben" (3M 1,2), schreibt Teresa. Es handelt sich um einen Zustand der Unsicherheit: Wir sind auf dem Weg zu Gott, weil wir verstanden haben, dass er uns gesucht und Wohnung bei uns genommen hat (Joh 14,23), dass er der „verborgene Schatz" und die „besonders kostbare Perle" (Mt 13,44–46) ist, aber wir haben noch nicht die Erfahrung der Gelassenheit gemacht, die aus der Gewissheit entspringt, dass wir jetzt schon bei den Seligen weilen. Erst diese bringt uns zur Erkenntnis, dass Gott nicht von uns ausziehen, dass er uns nicht verlassen wird. Nun aber gilt es zu beten, „dass Seine Majestät immer in mir lebe, denn wenn das nicht so wäre, welche Sicherheit kann dann ein so schlecht vergeudetes Leben wie das meine haben?" (3M 1,3). Gott hat man nicht in der Hand. Daher solle man sich „nicht in Sicherheit wiegen“ (3M 1,4): Weder die Bußübungen, noch die ständige Pflege des inneren Betens, noch die Zurückgezogenheit sollten uns Halt geben, sondern nur die recht verstandene „Gottesfurcht“.

Das Dilemma des reichen Jünglings

Es gibt viele Menschen, die durch die ersten zwei Wohnungen hindurchgegangen sind und den Entschluss gefasst haben, ein „korrektes“, wohlgefälliges Leben zu führen. In der Sprache Teresas: „Sie hegen den aufrichtigen Wunsch, Seine Majestät nicht zu beleidigen, wobei sie sich sogar vor lässlichen Sünden hüten, und sich mit Bußübungen anfreunden, auch mit ihren Zeiten der Sammlung; sie nützen ihre Zeit gut aus, üben sich in Werken der Nächstenliebe, sind beim Sprechen, in ihrer Kleidung und ihrem Familienleben, sofern sie eines haben, sehr korrekt“ (3M 1,5). Genügt dies, damit der Herr die Seele „ganz in Besitz nimmt“? Gerade solche Menschen konfrontiert Teresa mit der Geschichte des reichen Jünglings (Mt 19,16–22): „Es kam ein Mann zu Jesus und fragte: Meister, was muss ich Gutes tun, um das ewige Leben zu gewinnen? Er antwortete: Was fragst du mich nach dem Guten? Nur einer ist ‚der Gute‘. Wenn du aber das Leben erlangen willst, halte die Gebote! [...] Der junge Mann erwiderte ihm: Alle diese Gebote habe ich befolgt. Was fehlt mir jetzt noch? Jesus antwortete ihm: Wenn du vollkommen sein willst, geh, verkauf deinen Besitz und gib das den Armen; so wirst du einen bleibenden Schatz im Himmel haben; dann komm und folge mir nach. Als der junge Mann das hörte, ging er traurig weg; denn er hatte ein großes Vermögen.“

Auf dem Weg der Vollkommenheit, d. h. der Gottesfreundschaft durch inneres Beten, genügt es nicht, ein „korrektes“ Leben nach den zehn Geboten zu führen oder ein Ordensgewand zu tragen. Denn Gott erwartet von uns mehr als die pflichtgemäße Erfüllung des Gesetzes: Er will vielmehr unsere Liebe als „unnütze Knechte“ (Lk 17,10)! Klug schreibt Teresa, dass diese Liebe „nicht das Produkt unserer Einbildung“ sein darf, sondern „durch Werke“ (3M 1,7) erprobt sein muss. Aber anschließend stellt sie fest, dass es nicht auf die Werke ankommt, sondern auf die Liebe: um uns ihm ähnlich zu machen, bedarf Gott nicht unserer Werke, „wohl aber der Entschlossenheit unseres Willens“ (3M 1,7), d.h. er will unsere Liebe – für Luther unseren „Glauben“. Denn Gott, der auf geheime Art und Weise stets zart um unsere Liebe wirbt, will uns nicht „ohne uns“ zu sich führen. In einem Kommentar zu den Werken des Johannes vom Kreuz hat Edith Stein dieses Prinzip christlicher Mystik so beschrieben: „Das Entscheidungsrecht über sich selbst steht der Seele zu. Es ist das große Geheimnis der persönlichen Freiheit, dass Gott selbst davor haltmacht. Er will die Herrschaft über die geschaffenen Geister nur als ein freies Geschenk ihrer Liebe [...] Er will nicht Besitz von ihr ergreifen, ohne dass sie es selbst will. Doch tut er alles, um die freie Hingabe ihres Willens an den Seinen als Geschenk ihrer Liebe zu erlangen und sie dadurch zur beseligenden Vereinigung führen zu können.“[127]

Es genügt nicht, daran zu glauben, dass „Christus für alle gestorben ist“, oder dass es „in Wahrheit nur eine letzte Berufung des Menschen gibt, die göttliche“ (*Gaudium et spes* 22). Das sind zwar schöne „Glaubenswahrheiten“, aber auf dem Weg der Liebe zu Gott sind wir erst, wenn wir dies auch persönlich verinnerlichen und mit dem Apostel Paulus sagen können: „nicht mehr ich lebe, sondern Christus lebt in mir. Soweit ich aber jetzt noch in dieser Welt lebe, lebe ich im Glauben an den Sohn Gottes, *der mich geliebt und sich für mich hingegeben hat*“ (Gal 2,20).

Selbsterkenntnis

Das Dilemma des reichen Jünglings zwischen der „korrekten“ Erfüllung des Gesetzes und der bedingungslosen Liebeshingabe an Jesus, der ebenso aus Liebe für uns sein Leben hingegeben hat, ist auch unser Dilemma, wenn wir echte Selbsterkenntnis üben und uns von Gott prüfen lassen. Teresa bringt einige Beispiele dafür, die jeder von uns um viele andere ergänzen könnte.

Da ist ein reicher Mensch ohne Kinder und Erben, der aufgeregt und beunruhigt herumläuft, nur weil er eine kleine finanzielle Einbuße erlitten hat: „Wie sollte der Herr ihn dann bitten, alles für ihn zu verlassen?“ (3M 2,4). Ein anderer hat reichlich zu essen und sogar im Überfluss, denkt aber nur daran, seinen Besitz immer weiter und weiter zu vermehren. Solche Menschen, sagt Teresa ironisch, mögen das innere Beten pflegen und wie der reiche Jüngling auf dem Weg der Tugend sein, aber sie brauchen nicht zu befürchten, „dass sie in die näher beim König liegenden Wohnungen hinaufsteigen werden“ (3M 2,4). Dasselbe gilt für diejenigen, die um ihre Ehre so besorgt sind, dass sie in der kleinsten Geringachtung oder Schmälerung ihres Ansehens eine große Kränkung sehen. Oder wenn sie Frömmigkeitsübungen korrekt und vernünftig verrichten, aber nicht loslassen können, weil die Liebe zum Herrn noch nicht so weit ist, „um sie um ihre Vernunft zu bringen“ (3M 2,7). Und solange wir uns selbst „nicht losgelassen haben“, ist der Weg der Nachfolge als Weg der Vollkommenheit „sehr mühsam und beschwerlich“ (3M 2,9). Es geht dabei nämlich um die Dialektik alles/nichts. Gott kann für uns nur alles werden, wenn uns nichts mehr von den Dingen dieser Welt wirklich gefangen hält: „Denn wo dein Schatz ist, da ist auch dein Herz“ (Mt 6,21).

All diese Beispiele gelten für Christenmenschen in der Welt wie für diejenigen, die in den Ordensstand eingetreten sind. Denn Teresa weiß im 16. Jahrhundert um die allgemeine Berufung zur Heiligkeit, die auch von den Protestanten, den Erasmianern und den *alumbrados* vertreten wurde. Daher sind ihre Ratschläge an alle Gottsuchenden gerichtet: „Es kommt nicht darauf an, ein Ordensgewand zu tragen oder nicht, sondern sich um die Einübung in die Tugenden zu bemühen und in allem unseren Willen dem Willen Gottes hinzugeben, und dass unsere Lebensordnung in dem bestehe, was Seine Majestät über unser Leben verfügt, und wir nicht wollen, dass unser Wille geschehe, sondern der seine“ (3M 2,6). Auch für diejenigen, die in den Ordensstand eingetreten sind und weltlichen Besitz hinter sich gelassen haben, gilt das Prinzip der Entblößung und des Loslassens von allem, wenn sie auf dem Weg zu Gott voranschreiten wollen. Mit anderen Worten: In der Mystik Teresas (und Johannes' vom Kreuz) geht es um eine Verähnlichung mit Gott aus Liebe. Es geht nicht darum, mehr zu tun, sondern darum, mehr zu lieben. Gott wird uns unseren Lohn „nach dem Maß der Liebe geben [...], die wir zu ihm haben“ (3M 1,7).

Demut und Geduld

Wenn wir aus dem Dilemma des reichen Jünglings herausgekommen sind und „aus Liebe“ Jesus nachfolgen wollen, so brauchen wir vor allem Demut (bzw. Geduld), um mit den Phasen der Trockenheit leben zu können, weil sie, wie wir in den ersten Wohnungen sahen, für Teresa die Tugend der Selbsterkenntnis im Angesicht Gottes ist. Bei denen, die nicht vorankommen, weil sie Herrsch-, Hab- und Ehrsucht nicht überwunden haben, weil sie nicht loslassen können, weil sie ihre Vernunft und ihre Ängste nicht den Händen Gottes überlassen können, weil sie ihrem Selbst verhaftet bleiben, vermutet Teresa immer als „Haken“ (3M 2,8) einen Mangel an Demut.

Außer Demut und Geduld empfiehlt uns Teresa in diesen Wohnungen das Schauen „auf die Heiligen“ (3M 1,6), sich nicht so sehr über die Fehler anderer zu entsetzen, sondern über „die eigenen“, und sich mit jemandem zu besprechen, „der hinsichtlich der Dinge der Welt keine Illusionen mehr hat, da es von großem Nutzen ist, sich mit jemandem zu besprechen, der sie durchschaut, damit wir uns durchschauen“ (3M 2,12). Für diejenigen, die in Demut die Nachfolge Jesu „aus Liebe“ wagen, im Vertrauen auf Gott „Dein Wille geschehe“ beten und ihm ihre Sorgen und Ängste überlassen, hat Teresa aus ihrer mystischen Erfahrung diese Weisheit parat: „Der Herr wird sich schon um ihre Seelen kümmern“ (3M 2,13).

Nur Gott genügt

Teresas bekanntester Text – von dem wir nicht sicher wissen, ob er wirklich von ihr stammt oder der tröstende Zuspruch eines Beichtvaters (Johannes vom Kreuz, Jerónimo Gracián?) ist, als Teresa ihm in der Phase der Trockenheit ihre Angst mitteilte, ob Gott, der bei ihr im Seelengrund Wohnung genommen hatte (Joh 14,23) und für sie die „besonders wertvolle Perle“ (Mt 13,46) geworden war, für die sie „alles“ aufgab, sie verlassen könnte – hat einen Sitz-im-Leben in diesen dritten Wohnungen als Abschluss der Mystik des Alltags. Er fasst aber auch die Grunderfahrung der siebten Wohnungen als Krönung der ekstatischen Mystik zusammen. Dies passt gut zum oben vorgeschlagenen Deutungsschema von 3+1+3 mit drei Wohnungen der Alltagsmystik, drei der ekstatischen Mystik und den vierten Wohnungen als Schaltstelle oder Brücke zwischen den beiden Mystikformen. Betrachten wir ihn in meiner eigenen Übertragung:

„Nada te turbe,	Nichts soll dich verwirren,
nada te espante	nichts dich erschrecken
todo se pasa,	alles geht vorüber,
Dios no se muda,	Gott zieht nicht aus,
la paciencia	Geduld
todo lo alcanza,	erreicht alles,
quien a Dios tiene	wer Gott bei sich hat,
nada le falta,	dem fehlt nichts,
sólo Dios basta.“ (P 6)	nur Gott genügt.

Wir haben in diesem Text die Quintessenz der mystischen Erfahrung Teresas (und Johannes' vom Kreuz). Der Trost, der Teresa hier zugesprochen wird, gilt auch für alle, die auf Gott gesetzt haben: Bleiben wir gelassen, Gott, der bei uns Wohnung genommen hat, zieht nicht aus, er meint es ernst mit uns, er ist treu und verlässlich, wer auf ihn baut, wird nicht enttäuscht werden, denn er wird uns immer viel mehr geben, „als wir verdienen" (3M 2,9). Oder wie Teresa es anderswo ausdrückte: „Wir bringen es nicht fertig zu glauben, dass Gott schon in diesem Leben hundert zu eins gibt" (vgl. Lk 18,29f; Mk 10,29f) (V 22,15; vgl. MC 4,8). In den Phasen der Trockenheit sollten wir uns in Demut und Geduld üben, entschlossen bleiben und das Ziel unseres Lebens, die göttliche Berufung, nicht aus den Augen verlieren: „Nur Gott genügt."

Vierte Wohnungen: Gebet der Sammlung und Gebet der Ruhe

Mit dem Entschluss in den dritten Wohnungen, nur den Willen Gottes zu suchen, entsprechend der Vaterunser-Bitte „Dein Wille geschehe“, und mit der gelassenen Zuversicht, in Gottes Hand gut aufgehoben zu sein, ist, wie oben schon erwähnt, das teresianische Verständnis der „Mystik des Alltags“ umrissen, die allen Christen möglich ist. Die vierten Wohnungen, in denen Teresa nach den Ausführungen in *Buch meines Lebens* und *Weg der Vollkommenheit* ihre Sicht des inneren Betens ein letztes Mal präzisiert – nun konzentriert auf das Gebet der Sammlung und das Gebet der Ruhe als die Grundformen betrachtenden Betens –, wollen die zentrale Bedeutung des inneren Betens sowohl für die Mystik des Alltags der ersten drei Wohnungen als auch für die ekstatische Mystik der letzten drei hervorheben. Und weil Teresa im Gebet der Ruhe außergewöhnliche „Wonnen“ wie Ekstasen, Visionen und Auditionen erfahren hat, versucht sie schon in den vierten Wohnungen so etwas wie eine Hermeneutik der Unterscheidung der Geister wider die geistliche Verdummung zu entwerfen, was sie noch ausführlicher in den sechsten Wohnungen tun wird. In den letzten drei Wohnungen ist sie auch bemüht, die zwei Mystikformen, die des Alltags und die der „Wonnen“ der Gotteinung, miteinander zu verbinden, indem sie immer wieder zu verstehen gibt, dass die „Mystik des Alltags“, in ihrer Sprache die „Nächstenliebe“ als Folge der Gottesliebe, die wahre Bewährungsprobe echter Gotteserfahrung ist.

Weil das Gebet der Ruhe für sie manchmal von den genannten „Wonnen“ begleitet war, betont Teresa am Anfang der vierten Wohnungen die Grenzen der Sprache, um darüber zu reden, was sie zu Beginn der nächsten Wohnungen noch nachdrücklicher festhalten wird. Im Gebet der Ruhe geht es für sie um so köstliche, „übernatürliche“ Dinge, dass der Verstand außerstande sei, „auch nur einen Umriss zu geben, wie man sie wenigstens in etwa so zutreffend beschreibend könnte, dass es für die, die keine Erfahrung davon haben, nicht sehr dunkel bleibt“ (4M 1,2). Es gehört zum Sprachspiel mystischer Erfahrung zu betonen, dass diese letztlich unsagbar ist und nur diejenigen sie verstehen können, die etwas Analoges erfahren haben. Ein Teil der vierten Wohnungen und die drei letzten Wohnungen stellen den Versuch zur Versprachlichung des letztlich Unaussprechlichen dar. Der Kern dessen, was zwischen Gott und einem Menschen geschieht, bleibt für Außenstehende verborgen. Auch Johannes vom Kreuz ist sich dessen bewusst. Deshalb schreibt er in den Prologen zu seinen Büchern, „dass weder menschliches Wissen ausreicht, um es zu verstehen, noch Erfahrung, um es sagen zu können“ (S Vorwort 1) bzw. dass alles, „was gesagt werden mag, hinter dem, was es dort gibt, um so vieles zurückbleibt, wie das Gemalte hinter dem Lebendigen“ (LB Vorwort 1). Die vielen zirkelhaften Wiederholungen, die wir bei Teresa und Johannes finden, sind ein deutliches Zeichen ihres Ringens um die Mitteilung des letztlich Unsagbaren, das am ehesten in der metaphorischen Sprache der Poesie ausgedrückt werden kann. Denn zum Wesen der Metapher gehört, wie Paul Ricœur mit Roman Jakobson sagte, das Wissen um den analogen Charakter derselben: „Es war so, und es war nicht so.“[128]

Was die Mystiker uns bieten, ist, wie schon erwähnt, ihre Interpretation mit der Vernunft oder dem Verstehenshorizont ihrer Glaubenstradition.

Eine zweite Vorbemerkung macht Teresa eingangs: dass der Herr sich nicht an starre Regeln halte, dass manche auch in diese vierten Wohnungen schnell gelangen könnten, ohne langes Verweilen in den anderen Wohnungen, „denn da es seine Güter sind, verschenkt der Herr was er will, wie er will und wem er will, ohne jemandem eine Kränkung zuzufügen" (4M 1,2). Auch in den fünften Wohnungen, mit denen der Prozess der geistlichen Verlobung und Vermählung beginnt, betont sie die Freiheit Gottes, sich der Umwege und Abkürzungen zu bedienen, statt dem Voranschreiten durch die verschiedenen Wohnungen zu folgen: „Der Herr hat nämlich die Macht, die Seelen auf vielen Wegen zu bereichern und zu diesen Wohnungen zu führen" (5M 3,4).

Obwohl Teresas letztes Werk das am besten strukturierte ist, ist es dennoch nicht ganz systematisch aufgebaut. Wir finden darin viele Exkurse und Wiederholungen, die den roten Faden unterbrechen, auf den sie dann aber immer wieder konsequent zurückkommt. In den vierten Wohnungen hat sie zunächst angefangen, vom Gebet der Ruhe zu sprechen. Aber als sie in 4M 3 dessen Wirkungen beschreiben möchte, fällt ihr ein, dass sie vergessen hat, das Gebet der Sammlung zu behandeln, das dem der Ruhe vorangeht. Wir wollen uns hier nun, um eines besseren Verständnisses willen, zunächst mit dem Gebet der Sammlung befassen.

Gebet der Sammlung

Das Gebet der Sammlung war im Schatten des franziskanischen *recogimiento* weit verbreitet. Teresa war es nicht zuletzt dank der Bücher von Francisco de Osuna und Bernardino de Laredo sowie der Gespräche mit Pedro de Alcántara vertraut. An anderen Stellen (V 14–15; CE 46–50; CV 28–29) hat sie bereits darüber geschrieben. Aus diesem Grund will sie sich nun kurz fassen. Sie stellt klar, was sie unter „Gebet der Sammlung" versteht, und korrigiert frühere Aussagen. Während Teresa in V 14–15 „die Begriffe Sammlung und Ruhe mehr oder weniger synonym für den Einstieg in das ‚mystische' (von Gott geschenkte) Beten" verwendet, unterscheidet sie in CE 46–50 bzw. CV 28–29 bereits klarer zwischen beiden Ausdrücken, „verwendet aber den Begriff ‚Gebet der Sammlung' im nicht-mystischen Sinn für eine Gebetsmethode, bei der die Sammlung eigenem Bemühen und (noch) nicht dem freien Geschenk Gottes entspringt". Den Fachausdruck „Gebet der Ruhe" (CE 52–53 bzw. CV 30–31) reserviert sie hingegen „für die Anfänge des mystischen (mehr von passivem Empfangen als von aktivem Tun geprägten) Betens". In 4M sowie im kurz zuvor entstandenen CC 54 bezeichnen beide Begriffe „die Anfänge mystischen, also von Gott geschenkten Betens"[129], aber so, dass das Gebet der Sammlung (4M 3) als Vorstufe zum Gebet der Ruhe (4M 2) verstanden wird.

Die Sammlung erscheint Teresa nun wie die Ruhe ebenfalls „übernatürlich" zu sein und weniger dem eigenen Bemühen zu entspringen: „weil sie nicht bedeutet, im Dunkeln zu verweilen oder die Augen zu schließen, und weil sie auch nicht in etwas Äußerlichem besteht, sondern weil es einfach so, ohne es zu wollen, passiert, dass sich die Augen schließen und man sich nach Alleinsein sehnt; es scheint dann, als würde das Gebäude für das bereits erwähnte Gebet [der Ruhe] ohne jeden Kunstgriff errichtet, denn die Sinne und äußeren Dinge scheinen mehr und mehr ihr Recht zu verlieren" (4M 3,1).

Damit beschreibt Teresa, was sie selbst erfahren hat: dass auch im Gebet der Sammlung Gott der Haupthandelnde ist, der uns zu sich ruft, wann immer er will, um uns ihm mehr und mehr gleichförmig zu machen. Aufgrund dieser Erfahrung ist Teresa nun im Stande, nach eigenen Metaphern zu suchen, die in der geistlichen Literatur so bisher nicht vorkamen. Dort – etwa in den Werken des Francisco de Osuna und des Bernardino de Laredo – war oft davon die Rede, dass bei der Sammlung die Seele „in sich geht" oder dass sie „über sich hinaussteigt". Selbstbewusst sagt uns nun Teresa: „Mit dieser Terminologie könnte ich nichts erklären, da ich sie schlecht beherrsche, doch so wie ich es auszudrücken vermag, werdet ihr es, glaube ich, schon verstehen" (4M 3,2). Ebenso hält Teresa die darin vorkommenden Vergleiche mit „einem Igel oder der Schildkröte" (4M 3,3), die sich in sich zurückziehen, wann sie immer wollen, für unzutreffend, weil es eben nicht auf ein Wollen oder einen Reflex ankommt. Unbefriedigend ist für Teresa auch, „dass man sich bemüht, nicht nachzudenken" (4M 3,4), um die Sinne auf Gottes Wirken zu richten, denn zunächst und vor allem muss die Liebe zu Gott erwacht sein. Wenig hält Teresa schließlich von mühsamen Atemübungen als Gebetstechnik, wie sie schon damals etwa in der ignatianischen Tradition empfohlen wurden. Und sie vermag dazu einige Gründe anzugeben: (1) Gott ist der Haupthandelnde und will nur, dass wir „wie arme Bedürftige vor einem großen, reichen Herrscher“ betteln, die Augen niederschlagen und „in Demut“ warten bzw., „dass wir ihn bitten und uns bewusst machen, dass wir in seiner Gegenwart sind, da er schon weiß, was wir brauchen“. In diesem „Werk des Geistes“ tut am meisten, „wer am wenigsten zu tun meint und tun will“ (4M 3,5). (2) Gottes Wirken ist „sanft und friedlich“, und „etwas Mühsames zu tun“, werde eher schaden als nützen: „Die Seele soll sich, wie sie nur kann, in größter Unbekümmerheit um ihren Vorteil und in größter Ergebung in Gottes Willen lieber den Händen Gottes überlassen, tue er mit ihr, was er will“ (4M 3,6). (3) Wenn wir uns krampfhaft bemühen, nichts zu denken, wird das Denkvermögen eher dazu angeregt, viel zu denken. (4) Statt unsere Seelenvermögen, die Gott uns gegeben hat, damit wir mit ihnen arbeiten, „mit einem Zauberbann zu belegen“, sollten wir uns eher in die Haltung der Selbstvergessenheit und der Gelassenheit einüben. Dann werden wir, „ohne zu wissen wie, viel besser unterrichtet als durch all unsere Bemühungen“ (4M 3,6). Solche Formulierungen erinnern uns an das *dejamiento* der *alumbrados*, werden aber bei Teresa durch die Betonung der bewussten Ausrichtung unseres Willens auf den Willen Gottes und das Wachsen in den Tugenden orthodox aufgefangen.

Das zarte Pfeifen des Hirten

Teresa spricht von den Sinnen und Seelenvermögen, „von denen ich schon sagte, sie seien die Bewohner dieser Burg“. Stellen wir uns vor, sie „wären hinausgegangen und trieben sich mit fremden Leuten herum, die Feinde für das Wohl dieser

Burg sind, Tage und Jahre lang. Doch nun, da sie ihre Verlorenheit einsehen, haben sie sich der Burg langsam wieder genähert [...], sie sind keine Verräter mehr, sondern sie schleichen sich um die Burg herum. Da der große König, der in der Wohnung dieser Burg weilt, ihren guten Willen bereits gesehen hat, möchte er sie in seinem großen Erbarmen wieder an sich ziehen, und wie ein guter Hirte lässt er sie mit einem so zarten Pfeifen, dass sie es kaum selber merken, seine Stimme hören, damit sie nicht mehr verloren umherirren, sondern in seine Wohnung zurückkehren. Und solche Kraft hat dieses Pfeifen des Hirten, dass sie alle Äußerlichkeiten aufgeben, durch die sie ihm entfremdet waren, und in die Burg gehen" (4M 3,2). Das „in die Burg gehen" ist nun eine Metapher für die Sammlung nach dem zarten Pfeifen des Hirten, aber auch hier betont Teresa – wir erinnern uns, dass sie in den ersten Wohnungen sagte, dass es „zwischen drinnen sein und drinnen sein einen großen Unterschied" (1M 1,5) gibt –, dass wir manchmal schon in der Burg sind, bevor wir an Gott zu denken beginnen, und das Pfeifen des guten Hirten hören, ohne zu wissen wie: „Mit den Ohren war es jedenfalls nicht, denn man hört nichts, doch verspürt man deutlich ein sanftes Gezogenwerden nach innen" (4M 3,3). Das zarte, stille Pfeifen des Hirten ist der „stillen Musik" (música callada), von der Johannes vom Kreuz in seinem *Geistlichen Gesang* spricht, ähnlich. In der biblischen Metapher des guten Hirten, der gekommen ist, damit wir „das Leben haben, und es in Fülle haben" (Joh 10,10), hat Teresa die passende Beschreibung für den inneren Ruf Gottes zur Einkehr und zum inneren Beten gefunden: „Mir scheint, dass ich es noch nie so verständlich ausgedrückt habe wie jetzt [...]; besser kann ich es nicht erklären" (4M 3,3).

Damit meint Teresa Folgendes: Wir sind oft mit den Geschäften des Alltags beschäftigt und vergessen die Pflege der Freundschaft mit Gott durch das innere Beten, wir vergessen, uns zu Gott zu erheben. Dieser Zustand der Entfremdung wird uns nun bewusst, und wie der verlorene Sohn machen wir uns auf zu unserem Vater (Lk 15,20). Nun, die Einkehr ist bereits von Gott bewirkt, der unseren guten Willen gesehen und uns sanft zu sich gezogen hat. Denn Gott sucht uns in allen Facetten unseres menschlichen Daseins. Das ist das Geheimnis seiner Menschwerdung (vgl. *Gaudium et spes* 22). Teresa ist davon überzeugt, „dass es sich dann, wenn Seine Majestät" die Gnade der Sammlung erweist, „um Menschen handelt, die schon dabei sind, die weltlichen Dinge aufzugeben" (4M 3,3). Damit sind nicht unbedingt Menschen gemeint, die in den Ordensstand eintreten wollen, sondern solche in jedem Stand, auch im Ehestand, die verstanden haben, dass alles in dieser Welt letztlich Schall und Rauch ist und wir versuchen sollten, nur in Gott unseren Schatz zu haben. Den einen kommt er mitten im Alltag einer laienchristlichen, kirchenfernen oder gar gottfernen Existenz entgegen; andere entdecken ihn erst nach langen Jahren einer routinierten Existenz als Berufschristen im Ordensleben oder Kirchendienst, wie es Teresa auch geschah. „Das käme uns teuer zu stehen", schreibt sie ironisch an die Adresse des Johannes vom Kreuz, „wenn wir Gott erst suchen könnten, sobald wir der Welt abgestorben wären! Das war weder Magdalena noch die Samariterin (Joh 4,7–42) noch die kanaanäische Frau (Mt 15,21–28; Mk 7,24–30), als sie zu ihm fanden" (Ve 6).

Du weißt, dass ich dich liebe

Im Gebet der Sammlung empfiehlt uns Teresa, „ganz gewaltlos und ohne Lärm zu versuchen, das diskursive Nachdenken des Verstandes aufzuhalten, aber nicht aufzuheben, auch nicht das Denken" (4M 3,7); denn man solle hier „weder die Meditation noch die Betätigung des Verstandes unterlassen". Es ist vielmehr gut, dass wir uns mit unseren Seelenvermögen daran erinnern, dass wir vor Gott verweilen, „und wer dieser Gott" ist (4M 3,7). Die Seele lasse einfach zu, „dass sie dieses genießt, ohne jede Anstrengung, außer ein paar liebevollen Worten". Man solle Gott einfach gewähren lassen, „sich aber den Armen der Liebe überlassen" (4M 3,8). Diese und ähnliche Formulierungen drücken aus, was der Kern des inneren Betens in der Schule des Karmels ist: Es kommt nicht auf die Gebetstechnik an, sondern auf die Liebe, die wir zu Gott empfinden – in Entsprechung zu seiner Liebe.

Daher könnte eine einfache, teresianische Form des Gebets der Sammlung so gestaltet werden: Wir vergegenwärtigen uns die Gegenwart Gottes, seine Größe, unsere Niedrigkeit und zugleich unsere „erhabene Würde" (*Gaudium et spes* 22), da wir sicher sein können, dass er uns liebt und von Anbeginn unseres Daseins (Psalm 139) zu sich berufen hat. Und dann können wir versuchen, die Frage des Auferstandenen an Simon Petrus persönlich zu beantworten: „‚Liebst du mich?' [...]: ‚Herr, du weißt alles, du weißt, dass ich dich liebe'" (Joh 21,17). Und das heißt: Du weißt, dass ich bereit bin, dir nachzufolgen und deinen Willen zu tun!

In Zeiten wie diesen, wo Christen alltäglich mit anderen religiösen Wegen und Sinnangeboten konfrontiert werden, könnte es auch gut sein, beim Gebet der Sammlung eine andere Frage des Herrn mit den Worten des Simon Petrus zu beantworten: „‚Wollt auch ihr weggehen?‘[...] ‚Herr, zu wem sollen wir gehen? Du hast Worte ewigen Lebens. Und wir haben geglaubt und erkannt, dass du der Heilige Gottes bist‘“ (Joh 6,67–68). Konkrete Bitten über die Vaterunser-Bitten hinaus zu formulieren ist nicht nötig, denn, wie Teresa sagt, der Herr weiß schon, „was wir brauchen“ (4M 3,5).

Gebet der Ruhe

In der asketischen Sprache der Zeit sagt uns Teresa, es gehe in diesen Wohnungen um den Unterschied, den es zwischen Glücksempfindungen beim inneren Beten und den „Wonnen“ gibt. Die ersten „beginnen in unserer Natur selbst und enden in Gott. Die Wonnen aber beginnen in Gott, und unsere Natur verspürt und genießt sie genauso sehr wie die besagten Empfindungen und noch viel mehr“ (4M 1,4). Dahinter versteckt sich, in heutiger Sprache ausgedrückt, der Unterschied zwischen der gegenständlichen Betrachtung oder „Meditation“ und der ungegenständlichen oder „Kontemplation“, ein Unterschied, der zur Zeit Teresas nicht so deutlich war. Mit der erfrischenden Beschreibung ihrer Erfahrung ohne theologischen Überbau hat sie zur Klärung dieses Unterschieds in der geistlichen Literatur ihrer Zeit viel beigetragen.

Zur Beschreibung ihrer Erfahrung der Wonne beim inneren Beten greift Teresa auf das Bibelwort „Denn mein Herz machst du weit“ (Ps 119,32) zurück, das sie täglich bei der Prim betete. Der Psalmist betete zu Gott: Aus diesem Grund eile er voran „auf dem Weg deiner Gebote". Durch die Erfahrung dieser Erweiterung des Herzens als geschenkhaftes inneres „Berührtsein" von der Gegenwart Gottes lernte Teresa, dass es beim inneren Beten nicht darauf ankommt „viel zu denken" oder die Einbildungskraft mit frommen Bildern zu bemühen (diskursive Meditation), „sondern viel zu lieben" (4M 1,7) im Angesicht der Liebe Gottes (Kontemplation). Auf diese Grunderfahrung ihres Gebetslebens kommt sie immer wieder zu sprechen (vgl. 4M 1,7; F 5,2).

Bis sie dies verstand sowie auch, dass die Seele, bildhaft gesprochen, ganz bei Gott in den zentralen Wohnungen der Burg sein kann, während das Denken sich in den Außenbezirken aufhält, hat sie selber oft darunter gelitten, dass sie ihre Seelenvermögen ganz auf Gott ausgerichtet hatte, aber ihr wirrer Gedankenstrom nicht aufhören wollte. Daher ihr Rat: „Lassen wir dieses Mühlengeklapper ruhig weitergehen, und mahlen wir unser Mehl, indem Wille und Verstand nicht zu wirken aufhören" (4M 1,13). Wir sollten die Ablenkungen beim Beten (selbst bei der Eucharistie!) nicht so ernst nehmen, sondern die Gedanken frei walten lassen und uns liebend und willentlich auf Gott ausrichten.

Die zwei Brunnen

„Ich finde nichts Passenderes, um gewisse geistliche Dinge zu erklären als das Wasser; ich habe es, weil ich wenig weiß und meine Intelligenz mir auch nicht weiterhilft und ich dieses Element sehr liebe, aufmerksamer betrachtet als andere Dinge" (4M 2,2). Teresa liebte das Wasser als Metapher für das innere Beten nicht nur, weil dieses Element in der trockenen zentralspanischen Hochebene ihre Aufmerksamkeit besonders auf sich zog, sondern weil es sie an die Begegnung Jesu mit der Samariterin erinnerte. In der Bitte dieser Frau – „Herr, gib mir dieses Wasser, damit ich keinen Durst mehr habe und nicht mehr hierher kommen muss, um Wasser zu schöpfen" (Joh 4,15) – sah Teresa ihre eigene mystische Erfahrung versinnbildlicht: Auch sie war immer durstig, obwohl sie im Kloster viel betete und sich mit asketischen Übungen abplagte, bis der Herr ihr durch das innere Beten „lebendiges Wasser" reichlich schenkte! Teresa selbst legt die Spur zu der Samariterin frei, als sie in ihrer Autobiographie schreibt: „Ach, wie oft fällt mir dann das lebendige Wasser ein, von dem der Herr zur Samariterin sprach (Joh 4)! Deswegen bin ich von diesem Evangelium ganz begeistert. Das ist wirklich so, denn noch ohne dieses Gut so zu erkennen, wie heute, war ich das schon seit frühester Kindheit und bat den Herrn oft, mir dieses Wasser zu geben. Da, wo ich lebte, hatte ich immer eine Darstellung davon, als der Herr zum Brunnen kam, bei mir, mit folgender Aufschrift: ‚Domine, da mihi aquam'" („Herr, gib mir dieses Wasser ...!: Joh 4,15; V 30,19). Dies war für sie so wichtig, dass sie in so gut wie allen Werken von der Samariterin spricht (vgl. CE 30,2; F 31,46; MC 7,6; 6M 11,5; Ve 6).

Die Pflege des inneren Betens vergleicht Teresa zunächst mit dem Anlegen eines Gartens, „an dem sich der Herr erfreuen soll" (V 11,6). Dazu muss zunächst der Boden vorbereitet werden, d. h. man muss das Unkraut ausreißen und gute Pflanzen einsetzen. Der Herr selbst macht diese grundlegende Arbeit, indem er uns sucht und sanft zu sich ruft. Uns kommt die Aufgabe zu, den Garten mit dem inneren Beten zu bewässern. Teresa erklärt es so: „Mit Gottes Hilfe haben wir als gute Gärtner nun dafür zu sorgen, dass diese Pflanzen wachsen, und uns darum zu kümmern, sie zu gießen, damit sie nicht eingehen, sondern so weit kommen, um Blüten hervorzubringen, die herrlich duften, um diesem unseren Herrn Erholung zu schenken, und er folglich oftmals komme, um sich an diesem Garten zu erfreuen und sich an den Tugenden zu ergötzen" (V 11,6).

Im *Buch meines Lebens* spricht Teresa von vier verschiedenen Arten der Bewässerung des Gartens, je nach der Anstrengung, die damit verbunden ist: „Entweder, indem man Wasser aus einem Brunnen schöpft, was uns große Anstrengung kostet; oder mit Hilfe von Schöpfrad und Rohrleitungen, wo das Wasser mit einer Drehkurbel heraufgeholt wird; ich habe es selbst manchmal heraufgeholt: Das ist weniger anstrengend als jene andere Art und fördert mehr Wasser; oder aus einem Fluss oder Bach: Damit wird viel besser bewässert, weil die Erde besser mit Wasser durchtränkt wird und man nicht so oft bewässern muss, und es ist für den Gärtner viel weniger anstrengend; oder indem es stark regnet; dann bewässert der Herr ihn ohne jede Anstrengung unsererseits, und das ist unvergleichlich viel besser als alles, was gesagt wurde" (V 11,7).

In diesen vier Arten der Bewässerung sieht Teresa zunächst eine Metapher für verschiedene Formen und Stufen des inneren Betens. Am Anfang ist viel Anstrengung erforderlich, „denn es sind die Anfänger selbst, die hier arbeiten, während der Herr das Vermögen gibt" (V 11,5). Das Ziel ist, so selbstverständlich und mühelos zu beten, d. h. in der bewussten Gegenwart der Freundschaft mit Gott zu leben, wie der Regen den Garten bewässert. Ohne Anstrengung fühlen wir dann mit Paulus: „Denn in ihm leben wir, bewegen wir uns und sind wir“ (Apg 17,28). Dann kann das Leben zu einem ständigen Gebet (in allen Formen, die dazu im Leben gehören: vom überschwänglichen Lob bis zur bitteren Klage) werden, auch „zwischen den Kochtöpfen“ (F 5,8), wie Teresa sagt, also inmitten der Tätigkeiten unseres Alltags. Wir können dann Gott in allen Dingen finden, weil wir uns als von Gott Gesuchte wissen.

In den vierten Wohnungen spricht nun Teresa von zwei Brunnenbecken, die sich auf unterschiedliche Weisen mit Wasser füllen, um das innere Beten zu erklären: „Beim einen kommt es von weiter her durch viele Röhren und Technik; das andere aber ist unmittelbar am Quellort des Wassers erbaut und füllt sich nach und nach ohne jedes Geräusch, und wenn die Quelle überströmend ist, wie die, von der wir sprechen, dann strömt aus ihr ein gewaltiger Bach hervor, sobald das Becken voll ist. Dabei bedarf es keiner Technik, noch saugt es die Rohrleitung auf, sondern es quillt immerfort Wasser daraus hervor“ (4M 2,3).

Mit den vielen Röhren und der Technik ist nun die diskursive, gegenständliche Meditation gemeint, „denn wir führen sie mit unseren Gedanken herbei, indem wir uns in der Meditation der erschaffenen Dinge bedienen und unseren Verstand abplagen“ (4M 2,3). Dazu spürte sie zeitlebens keine Begabung. „Die andere Quelle bekommt das Wasser von seinem Ursprung selbst, der Gott ist. Und so wie Seine Majestät es will, sobald es ihm gefällt, zuweilen eine übernatürliche Gnade zu erweisen, bringt er es im größten Frieden und in aller Ruhe und Zärtlichkeit aus unserem eigenen tiefsten Innern hervor, ohne dass ich weiß von wo noch wie“ (4 M 2,4). Diese „sprudelnde“ Quelle, die der Gotteinung, ist für Teresa die, von der in der Geschichte der Samariterin die Rede ist: „Wer aber von dem Wasser trinkt, das ich ihm geben werde, wird niemals mehr Durst haben; vielmehr wird das Wasser, das ich ihm gebe, in ihm zur sprudelnden Quelle werden, deren Wasser ewiges Leben schenkt“ (Joh 4,14).

Diese Quelle ist es, die unser Herz erweitert. Teresa weiß, dass dies alles eine Redeweise angesichts der unaussprechlichen Erfahrung der göttlichen Gegenwart ist. Sie betont, dass die Quelle dennoch nicht im Herzen sei, sondern wohl in der „Seelenmitte“. Man ahne dabei, sagt Teresa, dass wir von den „Großtaten“ Gottes „soviel wie gar nichts“ wissen (4 M 2,5).

Autorität der eigenen Erfahrung

Angesichts der überwältigenden Erfahrung dieser Großtaten Gottes bleibt Teresa nur die Sprache des Gleichnisses übrig: „Sobald nämlich dieses himmlische Wasser aus der Quelle, ich meine aus der Tiefe in uns hervorzuquellen beginnt, sieht es so aus, als dehne und weite sich nach und nach unser ganzes Inneres und bringe Güter hervor, die sich nicht benennen lassen, ja die Seele kann noch nicht einmal verstehen, was da ist, das ihr dort geschenkt wird. Sie nimmt einen Duft wahr, sagen wir jetzt einmal, wie wenn es in jenem inneren Abgrund ein Kohlenbecken gäbe, auf das man duftendes Räucherwerk streute. Man sieht weder die Lichtglut, noch wo sie ist, aber die Wärme und der Duftrauch durchdringen die ganze Seele, und oft genug hat auch der Leib Anteil daran [...]. Schaut her und versteht mich: Man spürt keine Wärme und riecht auch keinen Duft, denn es ist etwas viel Zarteres als diese Dinge [...].

Das ist nämlich nicht etwas, was man sich vormachen kann, da wir es uns nicht erwerben können, so sehr wir uns auch anstrengen mögen, und genau daran sieht man, dass es nicht von unserem Metall, sondern aus dem allerreinsten Gold der göttlichen Weisheit ist" (4M 2,6).

Teresa weiß, was sie erfahren hat, auch wenn sie es nur in solchen paradoxen Bildern zu beschreiben vermag. Klug betont sie an die Adresse der prüfenden Theologen (es waren ja „schwere Zeiten"), dass sie sich zwar in der Interpretation auch irren könne, aber dass sie nicht lüge: „ich sage das, was ich verstehe" (4M 2,7). Und ebenso klug betont sie, dass es sich dabei um die Vereinigung mit dem Willen Gottes gehandelt haben müsse, dass man aber deren Wirkungen an den Werken erkenne, „denn einen besseren Schmelztiegel zur Erprobung gibt es nicht" (4M 2,8).

Immer wieder Demut bzw. Geduld

Abschließend empfiehlt uns Teresa, wie in den vorigen Wohnungen, Demut bzw. Geduld, denn dies erreichte alles bzw. ringe dem Herrn alles ab, „was wir uns nur von ihm wünschen" (4M 2,9). Das erste Zeichen von Demut und Geduld ist, nicht zu denken, dass wir diese Gnaden und Wonnen des Herrn „verdienten" oder „erhalten müssten". Fünf Gründe weiß Teresa dazu anzuführen: weil wir Gott „ohne jedes Eigeninteresse", aus reiner Liebe sozusagen, lieben sollten; weil es „arg wenig demütig" wäre, „zu meinen, durch unsere armseligen Dienste etwas so Großes erlangen zu können"; weil wir uns auf die Nachfolge Jesu und nicht auf die Wonnen einstellen sollten; weil Gott nicht verpflichtet sei, „sie uns zu schenken“; schließlich, weil dieses Wasser nicht durch Röhren herbeigeschafft werden kann: „wenn die Quelle keines geben will, nützt es wenig, dass wir uns abtun“. Teresa will sagen: „Wie sehr wir auch Meditation halten und uns sogar ausquetschen und Tränen hervorpressen mögen [Teresa denkt an die gefühlsbetonte Meditation der Leidensgeschichte Jesu, wie sie damals in der Tradition der geistlichen Übungen üblich war], es quillt von da kein Wasser hervor; es wird nur geschenkt, wem Gott will, oft gerade dann, wenn die Seele am achtlosesten ist“ (4M 2,9).

Ein persönliches Gebet der conformatio

Wie am Ende der dritten Wohnungen bereits betont, ist das Beste, das wir beim inneren Beten als *„trato de amistad“* tun könnten, uns im Bewusstein des Unterschiedes zwischen Gott und Mensch vor Gott liebevoll zu stellen. In den vierten Wohnungen wäre beim Gebet der Ruhe ein Hingabe-Gebet zur *conformatio* ratsam. Teresa selbst hat uns kein persönliches Gebet dieser Art hinterlassen, aber ihr Gedicht „Dein bin ich, gebor’n für dich / Was verfügst du über mich?“ (P 5) könnte als solches verstanden werden. Die ersten zwei Strophen lauten:

„Allerhöchste Majestät, du,
Weisheit, du, in Ewigkeit,
Güte, gut zu meiner Seele,
Gott, ein Wesen, Hoheit, Güte,

schau, wie groß die Niedrigkeit,
die dir heut' aus Liebe singt:
Was verfügst du über mich?

Dein bin ich, hast mich erschaffen,
dein, hast mich erlöset,
dein, du hast mich ja ertragen,
dein hast mich berufen,
dein, du hast auf mich gewartet,
dein, ging nie verloren:
Was verfügst du über mich?"

Gebete der Hingabe in Gottes Hand zur mystischen *conformatio* finden wir aber bei anderen Mystikern, so etwa bei Bruder Klaus von Flue:

„Mein Herr und mein Gott,
nimm alles von mir,
was mich hindert zu dir.
Mein Herr und mein Gott,
gib alles mir,
was mich führet zu dir.
Mein Herr und mein Gott,
o nimm mich mir
und gib mich ganz zu eigen dir."[130]

Dazu gehört auch das Gebet des Ignatius von Loyola im Zentrum der Betrachtung zur Erlangung der Liebe aus der vierten Woche der Exerzitien:

„Nehmt, Herr, und empfangt meine ganze Freiheit,
mein Gedächtnis, meinen Verstand, und meinen Willen,
all mein Haben und mein Besitzen.
Ihr habt es mir gegeben; euch, Herr, gebe ich es zurück.
Alles ist euer, verfügt nach eurem ganzen Willen.
Gebt eure Liebe und Gnade,
denn diese genügt mir.“[131]

Ich selbst habe mir in jungen Jahren ein Gebet zugelegt, das mich seitdem in allen möglichen Situationen durch das Leben trägt:

Herr, Du weißt alles,
Du weißt, dass ich dich liebe.
Dieses Werk deiner Hände
– ich bin nur der Ton und Du der Töpfer –
bringe ich nun, Herr, vor Dich,
damit Du aus mir
ein Werkzeug deines Heils machst.
Ich bin bereit,
deinen Willen zu tun.
Gib Du mir, mein Herr,
die Kraft dazu.

So oder so: Das „persönliche Gebet“ wäre in der teresianischen Schule des inneren Betens sehr wichtig. Persönliches Beten kann nicht an andere delegiert werden.

Wider die geistliche Verdummung

Am Ende der vierten Wohnungen schreibt Teresa, sie habe sich zwar bei der Erklärung derselben lange aufgehalten, „doch ist es die, in die, glaube ich, die meisten Seelen eintreten" (4M 4,14). Die meisten Menschen können auf dem geistlichen Weg zur Pflege des inneren Betens als Gebet der Sammlung und Gebet der Ruhe, zur Einübung in die Meditation und Kontemplation der Geheimnisse der Menschwerdung, der Leidensgeschichte und der Verherrlichung Jesu gelangen – auch wenn sie das mündliche Beten des Rosenkranzes mit innerem Beten begleiten. Die außerordentliche Gnadenerfahrung der Gotteinung, die in den nächsten drei Wohnungen behandelt wird, wird hingegen wenigen Menschen geschenkt: den Virtuosen der Spiritualität, den „Mystikern". Für alle Menschen gilt aber, dass wir uns mit der Vaterunser-Bitte „Dein Wille geschehe" der Gotteinung im Alltag willentlich anvertrauen können, auf dass Gott, der bei uns Wohnung genommen hat, uns zu seinem Bild und Gleichnis verwandelt.

Gerade, weil die meisten Menschen bis zu den vierten Wohnungen gelangen können, versäumt Teresa nicht die Gelegenheit, auf die Grundgefahr hinzuweisen, „in die ich dem inneren Beten ergebene Personen habe hineintappen sehen, insbesondere Frauen". Gemeint ist die Gefahr der geistlichen Verdummung, der Pseudomystik infolge von vermeintlichen Visionen und anderen Erfahrungen, die manche zu haben meinen: „Es gibt einige", sagt Teresa, „die vor lauter Buße und Beten und Nachtwachen, und auch ohne das, in ihrer Konstitution geschwächt sind. Wenn die nun ein Behagen erleben, übermannt sie ihre Natur; und da sie innerlich eine gewisse Befriedigung, äußerlich aber einen Zusammenbruch oder Schwächeanfall erleben, meinen sie, sobald sie der Schlaf, den sie geistlich nennen, übermannt [...], das eine sei wie das andere und lassen sich da ganz hineinsinken. Und je mehr sie sich gehen lassen, umso versunkener sind sie, da ihre Natur noch mehr geschwächt wird, während sie sich in den Kopf setzen, das sei Entrücktsein. Ich aber nenne es Verrücktsein, denn es ist nichts anderes als Zeit zu vergeuden und die Gesundheit einzubüßen" (4M 4,11).

Anschließend spielt Teresa auf einen konkreten Fall an: „Jemandem widerfuhr es, acht Stunden lang so zu verweilen, wo man weder ohne Bewusstsein ist noch etwas von Gott verspürt. Durch Schlafen und Essen und weniger Buße wurde diese Person das los, weil es jemanden gab, der es durchschaute" (4M 4,12). Teresa selbst war mit ihrer Gabe der Unterscheidung der Geister die Person, die „es durchschaute". In einem anderen Werk (F 6,9–14) beschreibt Teresa eingehend den Fall von zwei Schwestern, die beim übertriebenen Pflegen des inneren Betens „verbunden mit dem Bemühen ums Ich-Sterben und Demut und Tugenden" eine gewisse geistliche Fixierung auf einen bestimmten Wunsch entwickelten: „Es setzten bei ihnen so heftige Aufwallungen von Sehnsucht nach dem Herrn ein, dass sie sich nicht mehr zu helfen wussten; dabei meinten sie, es würde sich durch den Empfang der Kommunion beruhigen, und so versuchten sie, von den Beichtvätern zu erlangen, dass dies recht häufig der Fall wäre, so dass dieser Schmerz bei ihnen allmählich so zunahm, dass sie zu sterben glaubten, wenn man sie nicht jeden Tag kommunizieren ließ" (F 6,9). Die Beichtväter erlaubten die damals außerordentliche Maßnahme der täglichen Kommunion, die einer geistlichen Privilegierung dieser Schwestern in der Klostergemeinschaft gleichkam; aber damit war der Fall nicht gelöst, im Gegenteil: Eine von den Schwestern steigerte sich und verlangte nun, schon am Morgen die Kommunion empfangen zu müssen, wenn sie nicht vor brennender Sehnsucht nach dem Herrn sterben sollte.

Teresa berichtet auch von einem anderen Fall, den sie beim Orden der Bernhardinerinnen erlebt hat. Da war eine Schwester, die durch viele Buß- und Fastenübungen zu solcher Schwäche kam, „dass sie jedes Mal, wenn sie die Kommunion empfing oder sich eine Gelegenheit ergab, in Andacht zu entflammen, gleich zu Boden fiel und acht oder neun Stunden so verharrte, was ihr und allen anderen als Verzückung erschien" (F 6,14).

Unterscheidung der Geister

Mit klugem Gespür für die Natur des Menschen führt Teresa diese Fälle auf Einbildung infolge von körperlicher Schwäche und Melancholie zurück. Da sie dem Hausfrieden in einer klösterlichen Gemeinschaft sehr abträglich sind, empfiehlt sie den Priorinnen, mit großer Strenge dagegen vorzugehen. Zunächst bestünde die beste Hilfe darin, diese Schwestern mit vielerlei Aufgaben zu beschäftigen: „Sie in den Ämtern sehr einzusetzen, damit sie keinen Spielraum bekommen, um sich in etwas hineinzuspinnen; denn darin liegt ihr ganzes Übel." An zweiter Stelle sollte man dafür sorgen, dass diese Menschen nicht lange Zeit fürs innere Beten haben, „nicht einmal im Rahmen des Normalen, denn der Großteil von ihnen leidet unter einer schwachen Einbildungskraft, und es wird ihnen viel Schaden zufügen“ (F 7,9). Eine dritte Maßnahme wäre das Verbot von strengen Fastenübungen und die Erlaubnis zum gelegentlichen Fleischkonsum, also eine gesunde Ernährung nach den damaligen Vorstellungen. Dazu käme, dass diese Personen von wirklich studierten und erfahrenen Beichtvätern begleitet werden sollen. Und wenn das alles nicht hilft, empfiehlt Teresa bei Fällen, die sie auf äußerste Formen der Melancholie zurückführt, sogar Maßnahmen, die uns heute befremdlich vorkommen, aber damals üblich waren: „Wenn Worte nicht ausreichen, dann eben Strafen; reichen kleinere nicht aus, dann eben größere; falls es nicht ausreicht, sie einen Monat lang einzusperren, dann vier Monate, denn für ihr seelisches Wohl kann man nichts Besseres tun“ (F 7,4).

Die Melancholie als „Unterjochung der Vernunft“

Um diese letzte, heute unverständliche Maßnahme einordnen zu können, muss man sehen, wie Teresa die Melancholie einstufte. Auch muss man bedenken, dass wir uns im 16. Jahrhundert befinden, und dass seelische Leiden wie Wahnvorstellungen oder Zwangsneurosen und ihre Therapien noch nicht so erforscht waren wie heute. Unabhängig davon ist Teresa praktische Klugheit bei der Beurteilung der „Melancholie“ als einer der großen Gefahren auf dem spirituellen Weg zu bescheinigen. Für Britta Souvignier versteht Teresa darunter, in heutiger Sprache ausgedrückt, „sowohl depressive (Antriebsschwäche, Mutlosigkeit, Pessimismus) als auch psychotisch gefärbte (Wahnerleben) Erscheinungsformen psychischer Erkrankung“[132]. Aber Teresas Beschreibung der melancholischen Schwestern spricht dafür, dass sie damit eher „Wahnerleben“ als „Schwermut“ meint. Denn für Teresa bewirkt die Melancholie vor allem „die Unterjochung der Vernunft“ (F 7,2), d. h. das Ausschalten oder das Trüben des gerade auf dem spirituellen Weg so wichtigen, gesunden Urteilsvermögens. Sie bewirkt auch Eigenwilligkeit und Ungebundenheit, d. h. sie führt zu geistlichem „Wahnsinn“. Daher die harten Maßnahmen, die Teresa aufgrund der eigenen Erfahrung gegen extreme Fälle von Melancholie und Wahnvorstellungen im Ordensleben den Priorinnen empfiehlt.

Wenn sich bei diesen Kranken die Vernunft verdüstert, so soll sie bei der Priorin umso klarer sein. Die Oberinnen sollen sie mit der Strenge der Ordensregel derart zu bändigen versuchen, „dass sie begreifen, dass sie weder im Ganzen noch im Einzelnen mit dem, was sie gern möchten, durchkommen werden. Denn wenn sie erkennen sollten, dass ihre Herumschreiereien und Verzweiflungsrufe, die der Böse in ihnen zum Besten gibt, um sie womöglich ins Verderben zu stürzen, mitunter doch ausreichen, dann sind sie verloren; und eine einzige genügt, um ein Kloster in Unruhe zu versetzen“ (F 7,3). Die Oberinnen „sollen sich nicht durch unkluge Frömmeleien täuschen lassen“ (F 7,5).

Visionen als Gefahr

Teresa steht den außergewöhnlichen Phänomenen in der mystischen Erfahrung nicht völlig ablehnend gegenüber, denn sie hat ja selbst einige davon erlebt (Verzückungen, Entrückungen, Ekstasen, Visionen und Auditionen). Noch heute sprechen manche Autoren von „der entfesselten Hysterie ihrer Visionen“[133]. Aber Teresa suchte diese Erfahrungen nicht – und wenn sie nicht gedrängt worden wäre, sie festzuhalten, nicht zuletzt als Selbstinterpretationsübung und Prüfung durch die Theologen, wie man es bei der psychoanalytischen Traumdeutung tut, wüssten wir vermutlich kaum davon. Sie warnt klug und nachdrücklich vor den Pathologien des spirituellen Lebens, relativiert diese außergewöhnlichen Phänomene, die man nicht suchen sollte, und unterscheidet zwischen „Arrobamientos“ (Verzückungen) und „Abobamientos“ (Verdummungen) (4M 3,11). Und sie warnt besonders bei Melancholikern davor, da sie aufgrund ihrer krankhaften Einbildung meinen, „sie würden alles, was sie glauben, auch sehen; das ist ziemlich gefährlich“ (4M 4,14). Die Priorin oder der Beichtvater sollen solche Menschen anhören, „wie man Kranke anhört“, aber ihnen auch klarmachen, dass Visionen unwesentlich seien „für den Dienst an Gott“ (6M 3,2). Man solle sie nicht wünschen und erbitten (vgl. 6M 9,14–15; F 8). Teresa ist sich dessen bewusst, dass manche Visionen auch vom Bösen kommen können, der sich bekanntlich als „Engel des Lichts“ verkleidet. Wenn in einer vermeintlichen Vision des Herrn dieser zu einer Schwester Dinge sagt, „die zu tun wären oder künftig kommen sollen, ist es nötig, mit einem klugen und studierten Beichtvater darüber zu sprechen, und nichts zu tun oder zu glauben, außer was dieser ihr sagt“ (F 8,5).

Teresa betont die besondere Anfälligkeit von Frauen für Melancholie und spirituelle Wahnvorstellungen bei der Pflege der Kontemplation. Ihre Warnung davor konvergiert mit der allgemeinen Kritik der Theologen ihrer Zeit an der „Frauenmystik“ vor dem Hintergrund des Phänomens der *alumbrados*. Dass die Gefahr der „Unterjochung der Vernunft“ damals auch bei den Männern gegeben war, bezeugt die äußerst kritische Haltung des Johannes vom Kreuz gegenüber diesen außergewöhnlichen mystischen Phänomenen, die er, ähnlich wie Meister Eckhart im Mittelalter, für unwichtig und gefährlich hält. Das Zur-Schau-Stellen von Visionen und anderer Erfahrungen dieser Art kritisiert er scharf als vom Teufel angeleitete Akte von „Einbildung und Hochmut“, von „Eitelkeit und Arroganz“ (2N 2,3); er widmet ganze Kapitel der Unterscheidung der Geister bei den übernatürlichen Wahrnehmungen (vgl. 2S 10–32 und 3S 1–14) und folgert daraus: „Deshalb muss der lautere, vorsichtige, einfache und demütige Mensch mit ebenso großer Kraft und Sorgfalt den Offenbarungen und anderen Visionen widerstehen und entsagen wie den ganz gefährlichen Versuchungen“ (2S 27,6). Alle Visionen und Offenbarungen, die man haben mag, sind für ihn – ganz teresianisch ausgedrückt! – nicht so viel wert „wie der geringste Akt der Demut“ (3S 9,4).

Mit Verwunderung registriert Johannes vom Kreuz, was in seiner Zeit geschieht: „Dass jeder beliebige Mensch, der für vier Groschen Betrachtung besitzt, so manche inneren Ansprachen, die er verspürt, wenn er ein bisschen gesammelt ist, das alles gleich als von Gott kommend tauft, und in der

Annahme, dass das so ist, heißt es dann: ‚Gott sagte mir', ‚Gott antwortete mir'; [...] sie denken, dass es etwas Großartiges sei und Gott gesprochen habe, wo es doch kaum mehr war als nichts, oder gar nichts, ja weniger als nichts. Denn das, was nicht Demut, Liebe, innerliches Absterben und heilige Einfachheit und Schweigen usw. hervorbringt, was kann denn das schon sein?" (2S 29,4.5).

Diese und ähnliche Äußerungen über die spirituelle Landschaft ihrer Zeit stehen bei Teresa und Johannes im Dienste der Unterscheidung der Geister: Echte christliche Mystik führt immer zum Ernst der Nachfolge Jesu und muss daher vom „Schwelgen in religiösen Gefühlen" unterschieden werden.

Nicht Spinnen, sondern Bienen sein

Am Ende wird bei Teresa immer wieder betont, dass die „Demut" als die spirituelle Haupttugend gepflegt werden sollte, wenn wir beim inneren Beten die geistliche Verdummung vermeiden wollen: „Ob es gut oder schlecht ist, liegt ja nicht an der Vision, sondern an dem, der sie sieht und sie sich nicht in Demut zunutze macht. Denn wenn diese vorhanden ist, wird sie keinen Schaden zufügen können, mag die Vision auch vom Bösen stammen; falls es aber daran fehlt, wird sie, sogar wenn sie von Gott kommt, keinen Nutzen bringen. Wenn nämlich das, was einen durch die Einsicht, eine solche Gnade nicht zu verdienen, demütig machen sollte, eher hochmütig macht, dann ist das wie bei einer Spinne, die alles, was sie frisst, in Gift verwandelt, während eine Biene es in Honig verwandelt“ (F 8,3). Bereits in der ersten Wohnung betonte Teresa, dass die Demut immer wie die Biene wirkt, „die im Stock den Honig bereitet“, und dass ohne die Demut „alles umsonst“ ist (1M 2,8).

Fünfte Wohnungen: Vorbereitung auf die geistliche Verlobung und Vermählung

In den letzten Wohnungen der „Inneren Burg“ erzählt Teresa von ihrer Erfahrung bei der *unio mystica* oder der Vereinigung mit dem geliebten göttlichen Du, die sie 1556 als Verlobung und 1572 als Vermählung erleben durfte. Da es sich um eine Vereinigung von Liebenden handelt, bemüht Teresa für diese geistliche Erfahrung die irdischen Metaphern der Verlobung und Vermählung. In den fünften Wohnungen geht es um den Zustand der Einwilligung in die geistliche Verlobung, um das Kennenlernen, „damit es, wie man sagt, zum Händereichen“ kommt (5M 4,4), während es in den sechsten um die Verlobung und in den siebten um die Vermählung geht. Die Ehepraxis ihrer Zeit bestand aus einem mehrstufigen Prozess, den Teresa hier als Interpretationsschema benutzt: Die Betroffenen lernten einander langsam kennen, oft unter Beteiligung einer Heiratsvermittlerin; sie pflegten zunächst einen freundschaftlichen Umgang miteinander. Besuchten sie sich immer häufiger, dann kamen die Familien zusammen und besiegelten die „Verlobung“, die nach einer gebührenden Zeit in die „Vermählung“ mündete. Das Ganze war oft eher Ausdruck von Familienpolitik und wirtschaftlicher Rationalität (Zweckehe) als von Liebe. Aber zur Zeit Teresas beginnt auch – trotz der anfänglichen Gegnerschaft der Inquisition – der Wandel von der arrangierten Ehe zur „Liebesheirat“. Die Literatur des Goldenen Zeitalters – so etwa Miguel de Cervantes’ kühne Verteidigung der Liebesheirat in seinen Werken *Don Quijote* und *Persiles* – legt Zeugnis davon ab. Wenn Teresa Begriffe wie Verlobung und Vermählung im Zusammenhang mit der mystischen Vereinigung mit Gott verwendet, so versteht sie diese im Sinne der Liebesheirat, und sie weiß zugleich um die grundsätzliche Unzulänglichkeit dieser und aller anderen menschlichen Bilder für die angemessene Beschreibung des Erfahrenen, das unaussprechlich bleibt. Daher hält Teresa am Anfang der fünften Wohnungen fest: „Ich glaube, es wäre besser, über die noch ausstehenden Wohnungen nichts zu sagen, denn es wird sich nicht sagen lassen, noch vermag der Verstand es zu erfassen, noch können Vergleiche helfen, um es zu erklären, denn für diesen Zweck sind die irdischen Dinge sehr unzulänglich" (5M 1,1). Auf die Unaussprechlichkeit der mystischen Erfahrung, die, wie wir oben bereits sagten, ein gängiger Topos mystischer Literatur ist, weist Teresa immer wieder hin, auch in den anderen Werken. In der *Inneren Burg* unterscheidet sie zwischen den „intellektuellen" Visionen, die man „nicht aussagen" kann (6M 8,6), und den „imaginativen", die man „besser verständlich machen kann" (6M 10,1). Aber beide stehen letztlich unter dem Vorbehalt der Unaussprechlichkeit.

Die Liebe Gottes bis ins Knochenmark gespürt

Teresa betont, dass es sich um eine Liebesvereinigung handelt, bei der der Verstand verstehen möchte und doch „verblüfft" zurückbleibt, weil seine Kräfte zum Verstehen dessen, was da geschieht, nicht ausreichen. Sie vergleicht es mit dem Zustand eines Bewusstlosen, der „weder Hand noch Fuß rührt“ und „tot zu sein scheint“ (5M 1,4): „Sogar beim Lieben, sofern sie [die Seele] das tut, versteht sie nicht, wie das ist, noch was das ist, das sie liebt, auch nicht, was sie möchte, sondern ist wie eine, die der Welt gänzlich verstorben ist, um umso mehr in Gott zu leben“ (5M 1,4). Nicht nur der Verstand scheint eingeschlafen zu sein, sondern auch die anderen Vermögen der Seele, weshalb der Böse nicht dazwischen kommen kann, um Unruhe zu stiften: „In diese Wohnung hier aber können sich die Eidechsen nicht hineindrängen, mögen sie noch so wendig sein, denn es gibt keine Phantasie, kein Gedächtnis und keinen Verstand, die diesem Gut [der Gotteinung in Liebe] im Wege stehen könnten. Ich wage sogar zu behaupten, dass sich im Fall einer echten Gotteinung noch nicht einmal der Böse hineinschleichen, noch irgendwelchen Schaden anrichten kann, weil dann Seine Majestät dem innersten Wesen der Seele so nahe und angeeint ist, dass er sich nicht heranwagte, ja dieses Geheimnis nicht einmal verstehen dürfte“ (5M 1,5). Doch die Vermögen der Seele sind nicht ganz ausgeschaltet: Sie sind da, sonst könnten die Mystiker im Zustand der Gotteinung nichts wahrnehmen noch später davon berichten; aber sie sind überwältigt vom Erfahrenen, geblendet vom göttlichen Licht. Um diesen Zustand zu verdeutlichen, greift Teresa auf eine kräftige Metapher zurück, die sie in einem anderen Werk (MC 4,2) bemüht hatte, um die Wirkungen des Ruhegebets zu beschreiben: „Ich sagte einmal, dass es so ist, als ob man sie an der rauen Haut des Körpers oder aber im Knochenmark spürte, womit ich es genau getroffen habe, denn ich weiß nicht, wie ich es besser sagen sollte“ (5M 1,6). Immer wenn Teresa ein gutes Sprachbild gefunden hat, um das Erfahrene annähernd zu beschreiben, drückt sie ihre Freude darüber aus, um wenig später hinzuzufügen, dass auch dieses Bild unzureichend und vorläufig ist.

„Doch weiß ich, dass ich die Wahrheit sage“

Teresa weiß, dass vieles von dem, was sie über ihre Erfahrung berichtet, befremdlich klingt. Und nicht immer fand sie Verständnis bei ihren Beichtvätern. Daher empfiehlt sie ihren Schwestern immer wieder, dass sie sich in solchen Fällen von „sehr studierten“ Beichtvätern beraten lassen. Damit meinte sie solche, die sowohl in der scholastischen wie in der mystischen Theologie bewandert waren, über geistliche Erfahrung verfügten und so das „Ich-weiß-nicht-was“ der mystischen Erfahrung angemessen beurteilen konnten. „Mit so manchen verschreckten Halbstudierten“, die ihr „arg teuer zu stehen“ kamen, hat Teresa auch überreiche „Erfahrung“ gemacht (5M 1,8). Kleingläubig und unerfahren, zweifelten diese daran, dass Gott „es doch immer für gut gehalten hat und noch hält, sich hin und wieder seinen Geschöpfen mitzuteilen“ (5M 1,8), auch wenn unser Verstand nicht reicht, um es zu verstehen: „Wozu wollen wir uns dann schwindlig machen? Es genügt zu sehen, dass, wer das macht, allmächtig ist. Und da wir keinen Anteil daran haben – mögen wir noch so viele Mühe aufwenden, um es zu erreichen –, sondern Gott es ist, der es macht, wollen wir auch beim Verstehen keinen haben“ (5M 1,11). Auf die Frage mancher Beichtväter, wie sie sich der Gotteserfahrung so sicher sein kann, wenn man Gott dabei – anders als im allerheiligsten Altarsakrament, wo er zumindest in der Verwandlung von Brot und Wein präsent sei – nicht sehe, antwortet Teresa mit dem ihr üblichen Selbstbewusstsein: „Das weiß ich nicht; das sind seine Werke, doch weiß ich, dass ich die Wahrheit sage" (5M 1,11). Fest überzeugt vom Erfahrenen ist sie, weil ihr danach u. a. eine unverrückbare „Gewissheit" verblieben sei: „Und wer nicht mit dieser Gewissheit verbleibt, bei dem würde ich nicht sagen, dass es eine Einung der ganzen Seele mit Gott [...] ist" (5M 1,11). Nicht zuletzt unter dem Einfluss der „sehr studierten" Beichtväter, die sie gut berieten und an den Klippen der „schweren Zeiten" vorbei steuerten, in denen sie lebte, wird Teresa später nicht nur die Einheit der Gottes- und Nächstenliebe als weiteres Kriterium nennen, sondern auch die Übereinstimmung mit der Heiligen Schrift und der Lehre der Kirche.

„Das sicherste Zeichen"

Wir sagten, dass Teresa den Prozess der Gotteinung als „Liebesheirat" versteht. Daher betont sie in den fünften Wohnungen die Bedeutung der bewussten Einung mit Gottes Willen als Voraussetzung für den mystischen Weg. Nichts anderes drückt die Vaterunser-Bitte „Dein Wille geschehe" aus, von der schon mehrmals im Sinne der „Mystik des Alltags" die Rede war. Teresa weist darauf hin, dass wir, wenn wir uns von Eigenliebe, Selbstgefälligkeit, Kritiksucht oder mangelnder Liebe zum Nächsten treiben lassen, noch lange nicht so weit kommen können, „mit dem Willen Gottes ganz eins zu sein" (5M 3,6). Auf dem Weg dazu sind wir erst, wenn wir verstehen, dass der Herr von uns „nur diese zwei Dinge" verlangt: „Liebe zu Seiner Majestät und zum Nächsten; das ist es woran wir arbeiten müssen. Wenn wir die in aller Vollkommenheit beobachten, tun wir seinen Willen, und so werden wir mit ihm vereint sein" (5M 3,7). Mehr noch: „Das sicherste Zeichen, ob wir diese beiden Dinge einhalten, ist meines Erachtens die treue Einhaltung der Nächstenliebe, denn ob wir Gott lieben, kann man nie wissen (auch wenn es deutliche Anzeichen gibt, um zu erkennen, ob wir ihn lieben), die Liebe zum Nächsten erkennt man aber sehr wohl. Und seid sicher: Je mehr ihr euch da vorankommen seht, umso mehr tut ihr es in der Gottesliebe" (vgl. 1 Joh 4,20; 5M 3,8; auch 5M 3,5). Geleitet von dieser Weisheit ermahnt sie mit der ihr eigenen Ironie die Schwestern, gewisse Pathologien des Klosterlebens auf der Suche nach der Gotteinung zu überwinden: „Wenn ich Seelen sehe, die darauf erpicht sind, die Gebetsweise zu erkennen, die sie üben, und dann, wenn sie darin verweilen, so verspannt sind, dass sie, wie es aussieht, das Nachdenken weder anzurühren noch anzustoßen wagen, damit ihnen beim Verkosten der Wonne und Andacht nur ja nichts entgeht, dann sehe ich daran, wie wenig sie von dem Weg verstehen, auf dem man zur Gotteinung gelangt, wo sie glauben, das ganze Geschäft würde darin bestehen. Aber nein, Schwestern, nein! Werke will der Herr! Und wenn du eine Kranke siehst, der du ein wenig Linderung verschaffen kannst, dann mache es dir nichts aus, diese Andacht zu verlieren, und ihr dein Mitgefühl zu zeigen; und wenn ihr etwas wehtut, dann soll es dir wehtun, und wenn nötig, sollst du fasten, damit sie zu essen hat, nicht so sehr ihretwegen, sondern weil du weißt, dass dein Herr das möchte. Das ist die wahre Einung mit seinem Willen“ (5M 3,11). An diesen und ähnlichen Aussagen, die Ausdruck einer geerdeten und allen zugänglichen „Mystik des Alltags“ im Tun der Liebe sind, merkt man, dass Teresa durch den Rat der „sehr studierten“ Theologen an Präzision gewonnen hat, ohne die ihr eigene sprachliche Spontanität und metaphorische Originalität einzubüßen.

Im Weinkeller Gottes

Das Liebeswerben des Bräutigams, der nach der Einwilligung der Braut zur geistlichen Verlobung führt, vergleicht Teresa auch mit dem, was die Braut im *Hohelied* sagt: „Der König führte mich in den Weinkeller oder versetzte mich hinein“ (Hld 2,4; 5M 1,12). Der „Weinkeller Gottes“ galt als Ort der Mitteilung mystischer Weisheit. Daher versteht Teresa darunter den „Weinkeller, in den uns der Herr versetzen will, wann er möchte und wie er möchte, während wir nicht eintreten können, mögen wir noch so viele Anstrengungen machen. Seine Majestät muss uns hineinversetzen und dann selbst in die Mitte unserer Seele eintreten; und um uns seine Wundertaten besser zu zeigen, will er nicht, dass wir daran weiter beteiligt sind als nur mit dem Willen, der sich ihm ganz hingegeben hat, und auch nicht, dass ihm die Tür der Seelenvermögen und Sinne aufgetan werde, die hier alle eingeschlafen sind, sondern möchte, dass er ohne irgendeine von ihnen in die Seelenmitte eintritt, so wie er bei seinen Jüngern eintrat, als er *Pax vobis* (Joh 20,19) sagte, und aus dem Grab herauskam, ohne den Stein wegzuheben“ (5M 1,12). Und wie wirkt Gott in der Seelenmitte? Er prägt uns dort die wahre Weisheit in einer unvergesslichen Art und Weise ein: „Gott macht sich derart im Innern dieser Seele fest, dass sie keinesfalls daran zweifeln kann, dass sie in Gott und Gott in ihr war, sobald sie wieder zu sich kommt. So fest bleibt ihr diese Wahrheit eingeprägt, dass sie dies niemals vergisst, noch daran zweifeln kann, dass es so war, auch wenn sie Jahre verbringen sollte, ohne dass Gott ihr diese Gnade noch einmal erwiese“ (5M 1,9).

Mit der „Weinkeller-Metapher“ schöpft Teresa aus dem *Hohelied*. Dieses Buch vordergründiger orientalischer Erotik wurde von der Kirche seit der Väterzeit als Grundgrammatik für die mystische Vermählung zwischen dem göttlichen Bräutigam und der menschlichen Braut (der menschlichen Natur) verstanden. Zur Zeit Teresas war es streng verboten, es in die Volkssprache zu übersetzen. Luis de León, der es dennoch tat, wurde 1572 vor das Inquisitionsgericht gebracht. Wir wissen nicht, wann und wo Teresa das *Hohelied* vernahm. Es ist aber nicht ausgeschlossen, dass sie die genannte Übersetzung kannte. Sie war bestrebt, „einiges aus dem *Hohelied*“ in Erfahrung zu bringen (MC 1,6), aber sie betont, dass sie über diese Worte in einer Predigt „niemals etwas gehört“ habe (MC 1,9). Seit 1566 hat sie Gedanken zu diesem Buch geschrieben. Erhalten ist die zweite Redaktion, die vermutlich zwischen 1572 und 1574 erfolgte. Im ersten Kapitel zeigt sie sich zunächst verwirrt, als sie die ersten Verse betrachtet, die sie, wie von der Kirche geboten, nach der Vulgata zitiert, wenn auch in einer spanischen Paraphrase: „Es küsse mich der Herr mit dem Kuss seines Mundes, / denn mehr als der Wein vermögen deine Brüste“ (Hld 1,1: „Osculetur me osculo oris sui quia meliora sunt ubera tua vino“; Luis de León hatte es so übersetzt: „Béseme de besos de su boca; que buenos [son] tus amores más que el vino“: Er spricht also von der Liebe und nicht von den „Brüsten“). Teresas Auslegung dieser Stelle ist wiederum ein rhetorisches Kunstwerk. Sie arbeitet sich langsam voran, nicht ohne Ironie gegenüber den Theologen, und am Ende kommt ihre Pointe: Sie sagt, sie verstehe es nicht, „und es nicht zu verstehen, verschafft mir große Wonne“ (MC 1,1). Sie weiß um die Meinung der Theologen: dass dieses Wort viele Bedeutungen hat, „dass wir dieses Wort nicht zu Gott sagen dürfen, weshalb es gut sei, dass einfache Leute diese Dinge nicht lesen“. Wer aber „in rasender Liebe entbrannt ist“, sagt Teresa, „möchte von keiner [dieser Bedeutungen] etwas wissen, sondern einfach diese Worte sprechen“ (MC 1,10). Anschließend deutet sie diese Worte im Sinne des christlichen Narrativs als Zeichen für „jene großartige Verbindung“ und „für jene Freundschaft“ Gottes mit dem Menschengeschlecht in der Menschwerdung (MC 1,20): „Doch wenn sie Frieden und Freundschaft bedeuten, mein Herr, warum bitten dich dann die Seelen nicht, dass du sie mit ihnen eingehst? Können wir denn um Besseres bitten als um das, worum ich dich bitte, mein Herr, dass du mir diesen Frieden *mit dem Kuss deines Mundes* gibst? Das, Töchter, ist erhabenstes Bitten“ (MC 1,12).

„Alles Wissen überschreitend“

Was Teresa als Ausdruck einer ekstatischen Gotteinung und Erfahrung der „Großtaten“ Gottes in seinem „Weinkeller“ zu beschreiben versucht, hat Johannes vom Kreuz, der theologisch gebildete Mystiker, in einem grandiosen Gedicht zur Sprache gebracht, mit dem er die noetische Qualität einer Ekstase beschreibt. Darin ist von einem Wissen im Nicht-Wissen und einem nichtbegrifflichen Verstehen die Rede, von einer neuen Dimension der Erkenntnis, die alles Wissen überschreitet:

„Ich kam hin, wo ich nicht(s) wusste,
und verharrte dort nichts wissend,
alles Wissen überschreitend.

Nicht wusst' ich, wo hingekommen;
als ich dort mich wahrgenommen
und nicht wusste, wo ich weilte,
Großes habe ich verstanden;
nicht erzähl' ich, was erfahren,
da nichts wissend ich verharrte,
alles Wissen überschreitend.

Dort von Frieden und auch Mitleid
war das Wissen ganz vollkommen,
in der tiefsten Einsamkeit
(auf direktem Weg) verstanden;
so geheim war, was erfahren,
dass ich stammelnd dort verharrte,
alles Wissen überschreitend.

So versunken ich gewesen,
so versonnen und verwandelt,
dass die Sinne mir verblieben
der Wahrnehmung ganz enthoben,
der Geist aber ausgestattet

mit Verstehen, nicht-begrifflich,
alles Wissen überschreitend.

Wer dort wirklich hingekommen,
wird des ‚ich' gänzlich verlustig;
was er früher sicher wusste,
ihm sehr niedrig wird vorkommen;
doch sein Wissen wird so wachsen,
dass nichts wissend er wird harren,
alles Wissen überschreitend.

Und je höher aufgestiegen,
desto weniger begriffen;
sie ist finster diese Wolke,
doch die Nacht hat sie erleuchtet;
wer nun also um sie wusste,
wird nichts wissend immer harren,
alles Wissen überschreitend.

Dieses Wissen im Nichtwissen
ist von einer solchen Größe,
das der Weisen Argumente
es nie widerlegen werden;
denn ihr Wissen wird nie können
nicht-begrifflich doch verstehen,
alles Wissen überschreitend.

Es ist auch von solcher Größe
dieses höchste allen Wissens,
dass der Wissenschaften keine

es erreichen jemals könnte;
wer sich lässt derart bezwingen
durch ein Wissen im Nichtwissen
wird dann immer überschreitend.

Und wenn ihr es nun wollt hören:
dieses höchste allen Wissens
ist erhabenes Erfahren
Gottes Wesenheit und Größe;
es ist Werk seines Erbarmens
nicht-begrifflich zu verharren,
alles Wissen überschreitend."[134]

Die mystische Erfahrung ist oft eine „ekstatische", d. h. es geht um einen Bewusstseinszustand, in dem der Mystiker etwas „außer sich" erfahren bzw. „empfangen" hat. Wie William James geschrieben hat, gehören dazu „Unaussprechlichkeit" und „noetische Qualität", d. h. das Bewusstsein von einer neuen, „apophatischen" Erkenntnisdimension jenseits des Gebrauchs des diskursiven Verstandes. Meistens kommen dazu auch „Flüchtigkeit", d. h. eine temporal sehr begrenzte Dauer dieses Bewusstseinszustandes, und „Passivität", da man von einer höheren Macht ergriffen werde, die von uns nur die Bereitschaft zum Empfangen erwartet.[135] Diese Merkmale sind im oberen Gedicht enthalten, mit dem Johannes vom Kreuz eine Ekstase beschreibt. Auf den ersten Blick finden wir darin eine transversal-noetische Sprache, die von Mystikern anderer Religionen, ja, auch von Philosophen wie Ludwig Wittgenstein, die um die Grenzen der Sprache und des diskursiven, begrifflichen Erkennens wussten und für eine andere Erkenntnisdimension offen waren, auf Anhieb verstanden werden kann. So heißt es am Ende seines *Tractatus logico-philosophicus*: „Wovon man nicht sprechen kann, darüber muss man schweigen". Doch kurz davor hatte er vermerkt: „Es gibt allerdings Unaussprechliches. Dies *zeigt* sich, es ist das Mystische."[136] Solche Texte aller mystischen Traditionen sollten im interreligiösen Dialog aufgrund ihrer „noetischen Qualität" bevorzugt behandelt werden. Doch auch hier finden wir bei genauerem Hinsehen sprachliche Konnotationen (z. B. das Wissen in der 5. Strophe um die „finstere Wolke", die die Nacht erleuchtete, was eine deutliche Anspielung auf Ex 14,19–20 ist: „Die Wolke war da und Finsternis, und Blitze erhellten die Nacht"),[137] die auf das Sprachspiel oder den Verstehenshorizont des Mystikers verweisen – vom hermeneutischen Sprung der letzten Strophe zu schweigen, in der Johannes vom Kreuz ausdrücklich von seinem Gott als dem handelnden Subjekt der ekstatischen Erfahrung redet.

Die Seidenraupe und der weiße Schmetterling

Auf dem Weg zur Gotteinung als Liebesheirat besteht unsere Aufgabe darin, bildhaft gesprochen, es wie gute „Gastgeber" dem Herrn, der bei uns Wohnung genommen hat, darin so angenehm wie möglich zu machen. Teresa überrascht uns immer wieder durch ihre sprachliche Spontanität und ihre pädagogische Begabung, ihre mystische Erfahrung mit Bildern aus der Naturbeobachtung und der Arbeitswelt ihrer Zeit zu verdeutlichen. Darin ist sie dem Herrn ähnlich, der in Gleichnissen sprach. In den fünften Wohnungen führt Teresa einen ihrer schönsten Vergleiche an, den sie aus der damals in Spanien intensiv betriebenen Seidenproduktion nimmt. Als Hieronymus Münzer 1494 nach Granada kam, zwei Jahre nach der christlichen Übernahme der Stadt, hielt er in seinen Reisenotizen fest, dort werde „die beste Seide der Welt" produziert"[138]. Teresa ist vermutlich bei einer Andalusienreise damit konfrontiert worden, obwohl auch in Valencia Seide produziert wurde. Aus dem kleinen Samenkorn wird ein Maulbeerbaum, dessen Blätter zur Aufzucht der Seidenraupen verwendet werden: „Und dann spinnen sie aus sich selbst mit ihren Mäulchen die Seide und machen sich ganz enge winzige Hüllen, in die sie sich einschließen. Die Raupe aber, groß und hässlich, verendet, während aus eben dieser Hülle ein winziger, sehr anmutiger, weißer Schmetterling ausschlüpft." Teresa fügt hinzu: „Wenn man das nicht sähe, sondern man uns es als etwas aus grauer Vorzeit erzählte, wer könnte es dann glauben?" (5M 2,2). Das Gleichnis der Seidenraupe und des Tagfalters ist Teresa so kostbar, dass es in den weiteren Wohnungen noch wichtiger sein wird als die Burgmetapher selbst.

Eine Wohnung für Christus bauen

Für Teresa ist die Seidenraupe der Mensch, der sich seiner göttlichen Berufung bewusst geworden ist, sich entschlossen hat, nur in Gott seinen Schatz zu sehen, und im Inneren seiner Seele als Gastgeber das Haus oder die Wohnung für Christus baut. Christus wird dann für Teresa „unsere, von uns angefertigte Wohnung" (5M 2,5).

Das Sterben des alten Menschen beschreibt Teresa in der asketischen Sprache der Zeit. Es geht darum, dass „wir unsere Eigenliebe und unseren Eigensinn und die Fixierung auf alle irdischen Dinge entfernen, dafür aber Bußübungen, inneres Beten, Einübung ins Ich-Sterben, Gehorsam“ (5M 2,6) und weitere asketische Übungen einsetzen, Demut üben und „Geltungssucht und Hochmut“ (5M 3,9) überwinden. Lassen wir die asketische Sprache beiseite, so kommt dieser Prozess der Überwindung der Ich-Zentrierung oder des primären Narzissmus gleich, die in der modernen Psychologie angemahnt wird. Christlich gedeutet ist es ein Prozess der *conformatio*, damit darin der alte Mensch sterben und der neue, „christusförmige“ entstehen kann – „nicht mehr ich lebe, sondern Christus lebt in mir“ (Gal 2,20), sagt der Apostel Paulus. Oder wie es in Apg 17,28 heißt: „Denn in ihm leben wir, bewegen wir uns und sind wir.“ Psychoanalytische Annäherungen an die mystische Erfahrung Teresas, wie etwa das Werk *Thérèse, mon amour* von Julia Kristeva (Paris 2008), übersehen bei ihrer therapeutischen Übertragung, dass die mystische *conformatio* bzw. *transformatio* nicht einfach zum Handeln führt oder zur Überwindung von Depression, Melancholie und narzisstischer Selbstbezogenheit, sondern zu einer *actio* als Mitarbeit an der Christusförmigkeit von Welt und Kirche.

Gott sehen?

Teresa schreibt, dass wir im Gebet der Gotteinung Gott „sehen“ werden. Aber Jerónimo Gracián, der sie gebeten hatte, das Werk zu schreiben, korrigiert dies durch „betrachten“.

Im Alten Testament bittet Mose Gott: „Lass mich doch deine Herrlichkeit sehen!“, aber Gott gibt folgende Antwort: „Ich will meine ganze Schönheit vor dir vorüberziehen lassen und den Namen des Herrn vor dir ausrufen [...]. Du kannst mein Angesicht nicht sehen; denn kein Mensch kann mich sehen und am Leben bleiben“ (Ex 33,18–20). Die Theologie lehrt mit Bezug auf die Geschichte Moses, dass wir nicht Gott sehen und am Leben bleiben können. Die *visio Dei*, das Sehen Gottes von Angesicht zu Angesicht ist dem anderen Leben vorbehalten. Aber hat Teresa mit dem „Sehen“ Gottes das gemeint, was Gracián mit seinen theologischen Augen herausgelesen hat? Teresa setzt eher bei Jesus und seiner Menschlichkeit an. Und in ihm hat sich uns Gottes Antlitz gezeigt, denn Jesus sagt: „Wer mich gesehen hat, hat den Vater gesehen“ (Joh 14,9). Gott ist in Jesus sichtbar geworden: Das ist die Folge seiner Menschwerdung, die Neuheit des Evangeliums. Und Teresa geht es eben darum, im Gebet der Gotteinung Jesus zu sehen, dem sie sich als Braut hingegeben hat. Daher sagt sie immer wieder, dass wir ihn mit innerem Beten „anschauen“ sollten – genauso wie er uns anschaut (vgl. V 13,22; CE 42,5). In V 40,5 berichtet sie von einer Vision beim Gebet, in der sie Christus in ihrer Seele sah und ganz dem Herrn selbst „nachgemeißelt wurde“: „Als ich eines Tages mit allen Schwestern beim Stundengebet war, sammelte sich plötzlich meine Seele und kam mir ganz und gar wie ein klarer Spiegel vor, ohne dass es da rückwärts oder seitlich oder oben oder unten etwas gegeben hätte, das nicht ganz klar gewesen wäre, und in ihrer Mitte stellte sich mir Christus, unser Herr, dar, wie ich ihn für gewöhnlich sehe. Mir schien, ihn an jeder Stelle meiner Seele so deutlich wie in einem Spiegel zu sehen, und sogar dieses Spiegelbild war – ohne dass ich sagen kann, wie – durch eine ganz liebevolle Selbstmitteilung, die ich nicht beschreiben könnte, ganz dem Herrn selbst nachgemeißelt."

„Für all die Schönheit dieser Welt"

Das vierte und letzte Kapitel der fünften Wohnungen hat Teresa nach einer Unterbrechung von mehr als drei Monaten geschrieben. Daher versucht sie den roten Faden wieder aufzunehmen, der in der Gotteinung und deren Bildern besteht. So kommt sie wieder auf die Rede von der Ehe als Sinnbild für die geistliche Verlobung. Wir sahen, dass sie dabei an die „Liebesheirat" denkt, denn die freie Einwilligung des Menschen ist die Voraussetzung für die Gotteinung. „Auch wenn es ein plumper Vergleich sein mag", findet sie hier keinen besseren „als das Sakrament der Ehe" (5M 4,3), weil das Ganze mit Liebe und Gegenliebe zu tun hat. Aber die fünften Wohnungen sind noch nicht die der „geistlichen Verlobung", sondern nur die Vorstufe dazu, in der die Seele als Braut Christus als Bräutigam besser kennen lernen und verstehen soll, indem sie sich von ihm beschenken und belehren lässt: „Hier geht es nicht mehr ums Geben und Nehmen, sondern darum, dass die Seele auf geheimnisvolle Weise sieht, wer dieser Bräutigam ist, den sie nehmen soll" (5M 4,4). Es geht um die Einübung in die Achtsamkeit für den Geliebten, die „besonders wertvolle Perle" (Mt 13,46), für die es sich lohnt, „alles" aufzugeben: „Wenn die Seele aber unachtsam wird, so dass sie ihre Zuneigung an etwas festmacht, was nicht er ist, verliert sie alles" (5M 4,4). Johannes vom Kreuz drückte es so aus: „Denn wenn du etwas im/in Allem/s willst, hast du nicht lauter in Gott deinen Schatz“ (1S 13,12).

Der weiße Schmetterling ist auch ein Symbol für die in Christus verliebte Seele, die frei herumflattert ohne Rast und Halt in den Dingen dieser Welt, weil sie sich danach sehnt, Gott endlich zu sehen (vgl. 6M 6,6). Den von Sehnsucht nach Gott und seiner Schönheit angerührten Menschen macht alles, „was er auf Erden sieht, unzufrieden“ (5M 2,8). Nicht die Schönheit dieser Welt noch die „Bindung an Verwandte, Freunde oder Besitz“ vermögen ihm wahre Befriedigung zu verschaffen. Eine solche Seele ermüdet alles, „denn sie hat erfahren, dass die Geschöpfe ihr die wahre Ruhe nicht geben können“ (5M 2,8). In den sechsten Wohnungen bekräftigt Teresa diesen Gedanken: „Womit halten wir uns auf? Was ist denn genügend, um auch nur einen Augenblick lang aufzuhören, diesen Herrn zu suchen, wie es die Braut in allen Stadtteilen und Plätzen tat (Hld 3,2)? Ach, die ganze Welt ist doch nur ein Schwindel, wenn sie uns nicht dazu bringt und verhilft, selbst wenn ihre Seligkeiten und Reichtümer und Wonnen, so viele man sich nur ausdenken könnte, ewig dauerten. Alles ist Ekel und Unrat im Vergleich zu diesen Schätzen, derer man sich ohne Ende erfreuen wird! Aber nicht einmal diese sind etwas im Vergleich damit, den Herrn aller Schätze und des Himmels und der Erde zu eigen zu haben“ (6M 4,10).

Der arme Schmetterling, der an Liebe leidet: Zurück in die Hülle oder „an die Töpfe Ägyptens“ kann er, wenn er auf dem Weg der Gotteinung so weit gekommen ist, nicht mehr. Er muss weiter fliegen, bis er bei Gott Ruhe findet, denn er ist sich der Vergänglichkeit dieser Welt bewusst, und die Sehnsucht nach „mehr“ verzehrt ihn. Was Teresa hier meint, hat Johannes vom Kreuz in einem Gedicht ausgedrückt:

„Für all die Schönheit dieser Welt
werd' ich mich niemals verlieren,
wenn nicht für ein Was-ich-nicht-weiß,
was sich einstellt nur durch Fügung.

Genuss eines Guts, das vergänglich,
das Höchste, das es wirken mag –
du wirst seiner überdrüssig,
und es verdirbt dir den Geschmack;
und darum für all die Süße,
werd' ich mich niemals verlieren,
wenn nicht für *ein Was-ich-nicht-weiß,*
was sich einstellt nur durch Fügung. [...]

Ihm, der aus Liebe erkrankt ist,
weil Göttliches ihn getroffen,
ist der Geschmack so verwirrt,
dass ihm das Schmecken ganz entfällt;
wie einer, der in Fieberhitze
voll Ekel auf die Speisen blickt,
begehrt er *ein Was-ich-nicht-weiß,*
was sich einstellt nur durch Fügung. [...]

Findet sich der Wille nämlich
von der Gottheit angerührt,
kann ihm nicht Entlohnung werden
außer mit der Gottheit selbst;

doch da sie ist von solcher Schönheit,
dass man sie nur im Glauben sieht,
schmeckt er sie in *ein'm Was-ich-nicht-weiß,*
was sich einstellt nur durch Fügung.

Nun, mit solchem Liebeswerber,
sagt mir nur: habt ihr nicht Mitleid?
Will ihm doch so gar nichts schmecken
unter allem, was geschaffen;
einsam. Ohne Form, gestaltlos,
ohne Stütze, ohne Stand,
schmeckt er *ein Was-ich-nicht-weiß,*
was sich einstellt nur durch Fügung. [...]

Denn für alles, was man wahrnimmt,
was im Jetzt begreifbar ist,
und für alles, was verstehbar,
sei es auch erhaben groß,
nicht für Anmut, nicht für Schönheit
werd' ich je verlieren mich,
wenn nicht für *ein Was-ich-nicht-weiß,*
was sich einstellt nur durch Fügung."[139]

Sechste Wohnungen: Brennende Sehnsucht nach Vollendung

Nachdem wir uns entschlossen haben, Jesus Christus als Bräutigam der Seele besser kennen zu lernen und nur in Gott unseren Schatz zu haben, geht es in den sechsten Wohnungen um den Zustand der Verlobung, um die wachsende Sehnsucht, mit dem Geliebten allein zu sein. Analog zur menschlichen Verlobung ist dies auch durch Nähe und Distanz, aber auch von der Angst geprägt, dass es nicht zur Vermählung kommen könnte, während in den siebten Wohnungen bei der geistlichen Vermählung die Erfahrung sich einstellt, die Paulus machte: „Denn ich bin gewiss: Weder Tod noch Leben, weder Engel noch Mächte, weder Gegenwärtiges noch Zukünftiges, weder Gewalten der Höhe oder Tiefe noch irgendeine Kreatur können uns scheiden von der Liebe Gottes, die in Christus Jesus ist, unserem Herrn" (Röm 8,38–39). In den siebten Wohnungen kann der „Engel des Lichtes" nichts mehr anrichten, um uns von der Gotteinung abzuhalten. Aber in den sechsten Wohnungen ist es noch nicht so weit. In der asketischen Sprache der Zeit sagt uns Teresa, dass wir noch große Prüfungen und innere Leiden zu bestehen haben, aber Gott uns mit seiner noch größeren Gnade beistehen wird. Sie berichtet immer wieder von „einer Person" – und meint damit sich selbst –, die dieses und jenes erlebt hat: Verleumdung, Schwätzereien, seelische Krankheiten, Unverständnis bei den Beichtvätern, Angst, Täuschung des Bösen, Melancholie, Glaubenskrise, bis sie das Erbarmen Gottes erfuhr und sich damit auf dem richtigen Weg wusste.

Diese Prüfungen sind es, die dem kleinen Falter „zu einem umso höheren Flug verhelfen“ (6M 2,1). Der Bräutigam hört nicht auf, „eine innige Sehnsucht“ nach sich zu wecken: „Es sind nämlich so zarte, feine Antriebe, die im tiefsten Innern der Seele aufbrechen, dass ich keinen Vergleich finde, der dafür passte“ (6M 2,1). Teresa hat erfahren, dass sie in eine „Liebesgeschichte“ mit Jesus Christus hineingewachsen ist, und ringt um Worte, um dies verständlich zu machen. Ein Bild, das sie öfter bemüht, ist das der Durchbohrung des Herzens durch den göttlichen Amor mit einem feurigen Pfeil. Mehrfach spricht sie davon: in V 29,13 als Vision, in CC 54,14f. und Ct 177,5 als Beschreibung einer Erfahrung beim inneren Beten, in 6M als Vergleich für die Berührung durch den Bräutigam in ihrem Innersten. Der Bräutigam richtet in der Seele so viel an, „dass sie vor Sehnsucht geradezu vergeht und nicht weiß, worum sie bitten soll, da es ihr klar zu sein scheint, dass ihr Gott bei ihr ist. Nun werdet ihr mir sagen: Wenn sie das also erkennt, wonach sehnt sie sich dann oder was tut ihr dann noch weh? Was möchte sie noch Besseres? Ich weiß es nicht; ich weiß nur, dass dieser Schmerz ihr bis in die Eingeweide vorzudringen scheint und sich – sobald derjenige, der sie verwundet, den Pfeil aus ihnen herauszieht – tatsächlich so anfühlt, als würde er sie mit sich herausreißen, entsprechend dem Liebesschmerz, den sie empfindet. Ich habe gerade gedacht, ob vielleicht vom Feuer des glühenden Kohlenbeckens, das mein Gott ist, ein Funke übersprungen sei und die Seele derart getroffen habe, dass sie diese Feuersglut zu spüren bekam. Und da es noch nicht ausreichte, um sie zu verbrennen, das Feuer aber so beseligend ist, bleibt dieser Schmerz in ihr zurück und richtet in ihr all das an, sobald es sie berührt. Das ist, glaube ich, der beste Vergleich, mit dem es mir gelungen ist, es auszudrücken." Und dennoch bleibt es wieder ein vorläufiger, unzulänglicher Vergleich für das Erfahrene: für ein Feuer, das die Seele nicht ganz versengt, „sondern kaum dass sie Feuer fängt, erlischt der Funke auch schon, und es verbleibt ihr die Sehnsucht, diesen Liebesschmerz, den er verursacht, von neuem zu erleiden" (6M 2,4). Später versucht sie es nochmals zu verdeutlichen, indem sie zu verstehen gibt, dass es sich um eine Redeweise handelt: „während diese Seele also so dahinlebt und in ihrem Inneren versengt wird, geschieht es oftmals, dass sie aufgrund eines auch nur flüchtigen Gedankens oder eines Wortes, das sie hört, etwa dass der Tod auf sich warten lässt, von woanders her einen Schlag abbekommt – ohne dass sie versteht, von wo oder wie – oder wie wenn ein feuriger Pfeil daherkäme. Ich sage ja nicht, dass es ein Pfeil ist, aber man sieht klar, was es auch sein mag, dass es nicht von unserer Natur herrühren kann. Es ist auch kein Schlag, obwohl ich ‚Schlag' sage, verwundet aber sehr; auch ist es meines Erachtens nicht da, wo man hienieden Schmerzen empfindet, sondern im allertiefsten Innern der Seele, wo dieser Blitz in schnellem Durchzucken alles, was an unserer Natur von dieser Erde ist, vorfindet und zu Staub macht" (6M 11,2). Teresa bleibt danach die Gewissheit, dass dieses Feuer vom Seelengrund ausgeht, „wo der Herr weilt" (6M 2,5).

Entweltlichung und Nachfolge in die Welt hinein

Diese Sehnsucht nach wiederholter und bleibender Erfahrung der Verwundung durch die Liebe Gottes ist das große Thema der sechsten Wohnungen. Die Sehnsucht ist begleitet durch heftigste Anstürme „von Todesverlangen [...], und so fleht sie unter Tränen unablässig zu Gott, sie aus dieser Verbannung herauszuholen. Alles, was sie da sieht, ödet sie an." Der kleine Schmetterling schafft es also nicht, „eine dauerhafte Bleibe zu finden" (6M 6,1), weil nichts in der Welt mit dem Erfahrenen vergleichbar ist. Aber es ist zugleich eine „riesengroße Sehnsucht, sich ganz für Gott einzusetzen" (6M 4,15). Entsprechend der Liebe, die sie von Jesus bei der *conformatio* erfahren hat, möchte Teresa viele andere Menschen auf den explizit christlichen Weg zu Gott bringen. Das ist die missionarische Dimension christlicher Mystik. Sie würde sich „am liebsten mitten in die Welt stürzen" und sich an der apostolischen Sendung der Kirche aktiv beteiligen. Aber sie lebte in einer Zeit, in der für Frauen nur ein Dasein hinter Klostermauern reserviert war, und die Kirche noch nicht verkündet hatte, dass wir alle an der kirchlichen Sendung teilhaben, wie dies das Zweite Vatikanische Konzil getan hat. Sie stellt wehmütig fest, dass sie eine Frau ist, und reibt sich wund „an der Fessel, die ihr ihre Natur auferlegt, da sie das nicht tun kann, und ist neidisch auf diejenigen, die die Freiheit haben, um mit lauter Stimme zu verkünden, wer dieser große Gott der Reiterscharen ist" (6M 6,3). Sie fühlt sich wie ein kleiner Schmetterling, „angebunden mit so vielen Ketten, die dich nicht fliegen lassen, wie du möchtest!" (6M 6,4). Die Kirchengeschichte ist auch eine Geschichte der verpassten Chancen, weil manche Entwicklungen und Reformen zu spät kommen.

Todessehnsucht als Liebessehnsucht

In den sechsten Wohnungen betont Teresa immer wieder die Erkenntnis, die sich bereits in den fünften nachdrücklich einstellte: dass diese Welt „nur Lug und Trug ist und als solche keinen Bestand hat" (6M 10,6). Der kleine Schmetterling sollte sein Herz hier nicht verlieren oder an etwas von dieser Welt anhaften. Vielmehr ist er dazu berufen, die „gewaltigen Wünsche, unseren Herrn zu sehen" (6M 6,6), wachzuhalten. Die Mystiker drücken diese Sehnsucht oft in einer paradoxen Sprache aus: Sie sterben, weil sie nicht sterben, d. h. sie sehnen sich nach der Vollendung, die nur nach dem Tode eintreten kann, und sterben vor Sehnsucht nach endgültiger Vereinigung mit Gott. Sowohl Teresa als auch Johannes vom Kreuz haben dies in einem Gedicht ausgedrückt, das den Titel trägt „Ich leb', nicht in mir lebend". Es handelt sich um eine Dichtung auf „göttliche Art", wie es damals hieß, d. h. um die Übertragung eines Motivs (Liebeskummer) aus der Schäferdichtung der Renaissance auf die Beziehung zwischen uns und dem Bräutigam der Seele. Wir zitieren hier die Version Teresas (P 1):

„Ich leb', nicht in mir lebend,
und hoff' auf solch tief' Leben,
dass sterbend ich nicht sterbe.

Ich lebe, doch schon außer mir,
seit ich aus Liebe sterbe,
denn nun leb' ich im Herrn,
der mich für sich erwählte.
Als ich mein Herz ihm übergab,
hat er dort eingeschrieben:
dass sterbend ich nicht sterbe.

Es hat mir diese Gotteshaft
der Lieb', die ich jetzt lebe,
zum Häftling Gott gemacht
und so mein Herz befreit.
Doch dass ich Gott als Häftling seh',
verschafft mir solches Leid,
dass sterbend ich nicht sterbe.

Wie lang, ach, ist dies' Leben,
wie hart doch die Verbannung,
der Kerker hier, das Eisen,
in dem die Seele schmachtet!
Hinaus nur mich zu sehnen,
verschafft mir Schmerz, so brennend,
dass sterbend ich nicht sterbe.

Wie bitter, ach, das Leben,
den Herrn nicht zu genießen!
Denn wenn die Lieb' auch süß ist,
das lange Warten niemals.
Mög' Gott solch Last mir nehmen,
die schwerer noch als Blei wiegt,
dass sterbend ich nicht sterbe.

Allein aus dem Vertrauen,
dass einst ich sterbe, leb' ich,
denn sterbend nur das Leben
versichert mich der Hoffnung.
O Tod, der Leben herbringt,
säum' nicht, ich auf dich warte,
dass sterbend ich nicht sterbe.

Schau, wie die Liebe stark ist:
Mir nicht zur Last seist, Leben.
Schau, dir nur das verbleibet:
Wer dich verliert, gewinnt dich.
Komm schon, o Tod, du süßer,
komm, federleichtes Sterben,
dass sterbend ich nicht sterbe.

Das Leben, das von oben
– nur das ist wahres Leben –,
genießt man nicht, hier lebend,
erst wenn dies Leben tot ist.
O Tod, sei mir nicht unhold;
ich leb' erst, wenn ich sterbe,
dass sterbend ich nicht sterbe.

Was, Leben, kann ich geben
ihm, Gott, der in mir lebet,
als dich nur zu verlieren,
um ihn mehr zu genießen?

Möcht' sterbend ihn erlangen,
weil ihn allein ich gern hab:
denn sterbend ich nicht sterbe.“

Kriteriologie zur Unterscheidung der Geister bei außergewöhnlichen Phänomenen

Im Kommentar zu den vierten Wohnungen sprachen wir bereits von der Gefahr der „geistlichen Verdummung“, der Pseudomystik infolge von Visionen und anderen außergewöhnlichen Erfahrungen. Für Teresa und Johannes vom Kreuz handelt es sich um besondere Gnaden, die Gott schenkt, „wem er will“ (6M 4,12), die aber nicht zum Wesen der mystischen Erfahrung gehören und daher auch nicht gesucht werden sollten: „Manchmal, ja oft, mag es Einbildung sein, besonders bei Personen mit einer krankhaften Phantasie oder Melancholikerinnen“ (6M 3,1). Unter dem Kunstgriff „Ich weiß von einer Person, die ...“ berichtet nun Teresa in den sechsten Wohnungen ausführlich von ihrer eigenen Erfahrung mit Auditionen, Verzückungen, Ekstasen und Entrückungen, Geistesflügen (Levitationen), Tränengabe und Jubelrufen, intellektuellen und imaginativen Visionen. Die Art und Weise, wie sie das tut, kommt einer selbstbewussten „Unterscheidung der Geister“ bei diesen Phänomenen gleich. Dazu beizutragen, ist nicht zuletzt auch die Aufgabe der von Teresa immer wieder empfohlenen klugen, d. h. in der akademischen Theologie studierten wie in den spirituellen Dingen bewanderten Beichtväter, „falls sich das finden lässt“ (6M 8,9). Alle diese Erfahrungen, so Teresa, können „von Gott, aber auch vom Bösen oder aus der eigenen Phantasie kommen“ (6M 3,4), so dass wir gut beraten wären, einer Kriteriologie zur Unterscheidung der Geister bei diesen Erfahrungen zu folgen. Dazu gehören für Teresa drei Grundkriterien: die innere Gewissheit, „dass diese Gnade von Gott kommt“ (6M 9,10); die Übereinstimmung

„mit der Heiligen Schrift“ (6M 3,4); und die Wirkungen, die in der Seele zurückbleiben und zu einer Festigung „in den Tugenden“ bzw. zu einer Besserung „in allem“ führen (7M 1,10).

Bei den Auditionen oder Ansprachen spricht Teresa z. B. von Anzeichen für deren göttliche Herkunft. Das erste und sicherste Anzeichen ist die Macht und Souveränität der empfangenen Worte und Werke, die Trost bei der Seele bewirken: „Mit einem einzigen Wort, das man ihr sagt ‚Ich bin es, fürchte dich nicht‘ geht alles weg, und sie ist zutiefst getröstet“ (6M 3,5). Teresa selbst berichtet z. B. in ihrer Autobiographie von Auditionen, bei denen sie in Stunden der Bedrängnis und der Ratlosigkeit so etwas wie ein „Nichts soll dich verwirren“ (oder „Sei nicht betrübt“: V 26,5) vernahm. Ein zweites Anzeichen die große Ruhe, die in der Seele verbleibt. Als drittes Anzeichen nennt Teresa, dass die empfangenen Worte lange Zeit nicht aus dem Gedächtnis entschwinden und eine „felsenfeste Gewissheit“ zurückbleibt.

Bei Verzückungen, Ekstasen und Entrückungen unterscheidet Teresa verschiedene Arten. Manchmal sei es wie ein Aufflammen der Seele, so dass sie, „dem Vogel Phönix gleich, ganz verbrannt und erneuert wird, wie man fromm glauben darf, Vergebung der Sünden erlebt“ (6M 4,3), also einen Reinigungsprozess durchmacht. Andere Male werden die Hände und der Körper „so kalt, dass es aussieht, als hätte sie keine Seele mehr, noch erkennt man mitunter, ob sie noch Atem ausstößt [...]. Bei alldem aber hält diese starke Ekstase nicht lang an“ (6M 4,13). Und all das dient vor allem dem Wachhalten der riesengroßen Sehnsucht, „sich ganz für Gott einzusetzen“ (6M 4,15).

Beim Geistesflug scheint es, „als werde der Geist mit solcher Geschwindigkeit entrückt, dass es große Furcht verursacht, vor allem an den Anfängen“ (6M 5,1). Es ist, wie wenn das in uns sprudelnde Wasserbecken, von dem in den vierten Wohnungen die Rede war, sich ganz sanft und ruhig füllte: „Und mit gewaltigem Ungestüm schießt eine so mächtige Woge empor, dass das Schifflein unserer Seele in die Höhe getrieben wird“ (6M 5,3), so als würde der Geist „aus dem Leib heraustreten“. Teresa, der solche Erfahrungen geschenkt wurden, weiß, wovon sie redet, auch wenn dies uns in Staunen versetzt und sprachlos macht: „Ihr kommt vor, als sei sie in Gänze in einer anderen Region gewesen, ganz anders als die, in der wir sonst leben, wo ihr ein anderes Licht gezeigt wurde, ganz anders als das hiesige, das zu erreichen für sie unmöglich wäre, auch wenn sie ihr ganzes Leben damit verbrächte, es sich zusammen mit anderen Dingen auszudenken. Und da geschieht es, dass ihr in einem Augenblick so vieles auf einmal gelehrt wird, dass sie nicht einmal ein Tausendstel davon zusammenbrächte, auch wenn sie sich jahrelang bemühen würde, um dies alles mit ihrer Phantasie und Denkkraft aneinander zu reihen“ (6M 5,7).

Die Mystiker sprechen metaphorisch von einem Entrücktsein in den inneren Weinkeller des Liebsten, wo Gott uns kostbares Wissen lehrt, ohne dass wir wissen wie: „Es sieht so aus, als habe ihr der Herr etwas von dem Land zeigen wollen, wohin sie unterwegs ist, so wie diejenigen, die das Volk Israel in das verheißene Land vorausgeschickt hatte, Zeichen mitbrachten (Num 13,18–24), damit es die Mühsale dieses so beschwerlichen Weges durchstehe, im Wissen um den Ort, wo es zur Ruhe kommen soll“ (6M 5,9). Diese Erfahrungen lassen Frieden, Einklang und Fortschritt in der Seele zurück, „vor allem aber drei Dinge in hohem Grade“, die für Teresa wiederum ein Zeichen für die göttliche Herkunft der Erfahrungen sind: „Erkenntnis von Gottes Größe [...], Selbsterkenntnis und Demut [...], Geringschätzung der Dinge dieser Welt, außer denen, die man im Dienst für diesen großen Gott einsetzen kann“ (6M 5,10). Ja, für die Mystiker ist diese vergängliche Welt „doch nur ein Schwindel“ (6M 4,10) bzw. „Lug und Trug“ (6M 10,6), zugleich aber der Ort, an den Gott uns als Mitarbeiter an seinem Weinberg gestellt hat. Die Dinge dieser Welt sollten unser Herz nicht gefangen halten, denn die Berufung des Menschen ist eine „göttliche“, eine Einladung, in Gott allein seinen Schatz zu finden: „Denn wo dein Schatz ist, da ist auch dein Herz“ (Mt 6,21). Das ist der eigentliche Sinn des teresianischen „Nur Gott genügt“ (sólo Dios basta).

Teresa spricht von „zartbesaiteten Menschen, die wegen jeder Kleinigkeit weinen“ (6M 6,7), und ermahnt uns, besonders wachsam zu sein, denn „bei etwas so Gutem wie den Tränen könnte eine Täuschung vorliegen“ (6M 6,8). Ähnliches gilt für die Jubelrufe oder das wundersame, unbegreifliche Beten mit Worten, die „Kauderwelsch“ (6M 6,10) zu sein scheinen. Das sind außergewöhnliche Phänomene aus der mystischen Erfahrung im Christentum und in anderen Religionen, die Teresa mit gesundem Menschenverstand relativiert. Das Heilmittel ist Demut und Nüchternheit, denn der Herr ist „Freund der Tugend und der Demut“ (6M 10,7): „Meinen wir nicht, es sei alles damit getan, viel zu weinen, sondern lasst uns ans fleißige Arbeiten und die Tugenden Hand anlegen, denn die sind es, auf die es bei uns ankommt“ (6M 6,9).

Wenn Teresa von den intellektuellen und den imaginativen Visionen spricht, zeigt sie ihre Vorliebe für die gegenständliche Meditation des Lebens Jesu. Gegenüber denjenigen geistlichen Lehrern (gemeint sind Autoritäten ihrer Zeit wie Francisco de Osuna oder Bernardino de Laredo), die meinen, wenn man in der mystischen Erfahrung bis in die fünften Wohnungen gekommen sei und sich ganz in der Liebe oder in vollkommener, ungegenständlicher Kontemplation übe, brauche man keine Meditation mehr „über die Geheimnisse der allerheiligsten Menschheit unseres Herrn Jesus Christus" zu halten, betont Teresa aufgrund ihrer Erfahrung, dass man sich stets an Jesus halten soll: „Und schaut, ich wage sogar zu sagen, dass ihr jemandem, der euch auch etwas anderes sagt, nicht glauben sollt" (6M 7,5). Wie schon oben erwähnt, verweist Teresa auf Jesus als den Weg zum Vater (Joh 14,6.9) und das Licht (Joh 8,12) und die Wahrheit, „die nicht lügen kann" (6M 10,5). Sie betont, dass wir mit dem guten Jesus „in einer zu guten Gesellschaft" sind (6M 7,13), und dass wir mit der gegenständlichen Betrachtung seines Lebens nicht aufhören sollten. Bereits in den ersten Wohnungen hatte sie geschrieben: Um wahre Demut zu lernen, sollten wir „unsere Augen auf Christus" richten (1M 2,11).

Von intellektuellen Visionen spricht man, wenn man „neben sich unseren Herrn Jesus Christus verspürt, ohne ihn jedoch mit den Augen des Leibes noch mit denen der Seele zu sehen" (6M 8,2). Es ist eine intuitive innere Wahrnehmung ohne bildhafte Vorstellung. Teresa sagt „mit allergrößter Gewissheit" (6M 8,6), dass sie die Präsenz des Herrn oft so gespürt habe und dass dies daran erkennbar sei, dass sie danach noch tiefere Wünsche hatte, „sich ganz seinem Dienst hinzugeben, und eine große Herzensreinheit" (6M 8,4) – ohne Höllenangst.

Vor den imaginativen Visionen warnt Teresa besonders, da sie unserer Natur besser angepasst sind und sich der Böse da „leichter einmischen" (6M 9,1) könne. Zumeist geschehen sie mit der Schnelligkeit eines Blitzes, und beim Betrachten kann man nicht länger verweilen, „als wenn man in die Sonne blickte" (6M 9,4). Hier ist die Gefahr sehr groß, dass man der Selbsttäuschung unserer Phantasie erliegt, wie es bei einigen Schwestern der Fall sei: „Sie selbst basteln sich nämlich nach und nach zusammen, was sie in ihrer Phantasie sehen, aber hinterher keinerlei Wirkung zeitigt, sondern sie noch kälter lässt, als wenn sie ein Andachtsbild gesehen hätten" (6M 9,9).

„Ohne Halt und mit Halt wandelnd"

Am Ende der sechsten Wohnung erlebt sich Teresa „wie eine, die aufgehängt ist, die weder an etwas Irdischem Halt findet noch in den Himmel aufsteigen kann" (6M 11,5). Die Person, die von Gott hierher geführt wurde, hat verstanden, dass nur Gott unsere „besonders wertvolle Perle" (Mt 13,46) sein kann: „Sie ist viel losgelöster von den Geschöpfen, da sie bereits einsieht, dass es nur der Schöpfer ist, der sie trösten und ihre Seele zu sättigen vermag" (6M 11,10). Den hier beschriebenen Zustand hat Johannes vom Kreuz in einem Gedicht (P 11) ausgedrückt, von dem ich hier die erste Strophe in meiner eigenen Übertragung zitieren möchte:

„Meine Seele ist entbunden
von alledem, was geschaffen,
und in sich selbst aufgerichtet
in einem köstlichen Leben,
nur an ihrem Gott gehalten.
Man wird also sagen können,
was ich hier am meisten schätze,
es sieht sich nunmehr meine Seele
ohne Halt und mit Halt wandelnd."[140]

Darin kommt zum Ausdruck, was Michel de Certeau für die Haupteigenschaft eines Mystikers hält: „Mystiker ist, wer nicht aufhören kann zu wandern und wer in der Gewissheit dessen, was ihm fehlt, von jedem Ort und von jedem Objekt weiß: *Das ist es nicht*. Er kann nicht *hier* stehenbleiben und sich nicht mit *diesem da* zufriedengeben."[141]

Siebte Wohnungen: „Wo alles zu einem Wasser wird“

Am Anfang der siebten Wohnungen, in denen von der geistlichen Vermählung, dem Ziel des mystischen Weges, die Rede ist, bittet Teresa den Herrn eindringlich, dieser möge ihre „Feder führen und mir zu verstehen geben, wie ich euch von dem Vielen, was es da zu sagen gäbe [...] ein bisschen etwas sagen kann!“ (7M 1,1). Besonders hier ist sich Teresa der Grenzen der Versprachlichung mystischer Erfahrung bewusst. Sie meint, „es wäre wohl besser, diese Wohnungen mit wenigen Worten abzutun, da man, glaube ich, sonst meinen könnte, ich wüsste dies aus Erfahrung, und das beschämt mich zutiefst“ (7M 1,2).

Gott zieht nicht aus

Vergegenwärtigen wir uns die Grundmetapher: Die Seele ist wie eine „innere Burg“, und „inmitten dieser Seele gibt es einen Wohnort für Gott“ (7M 1,7). Mit Gott meint Teresa die Dreifaltigkeit gemäß dem Wort des Herrn in Joh 14,23: „Wenn jemand mich liebt, wird er an meinem Wort festhalten; mein Vater wird ihn lieben, und wir werden zu ihm kommen und bei ihm wohnen.“ In diesem Sinne paraphrasiert sie diese Worte, die „Grundmetapher“ ihres Werkes, unter Anspielung auf eine intellektuelle Vision des dreieinigen Gottes am 29. Mai 1571 vor dem Kommunizieren (CC 14): „Hier teilen sich ihr alle drei Personen mit, sprechen mit ihr und geben ihr jene Worte zu verstehen, die der Herr gesprochen hat, wie es im Evangelium heißt, dass er und der Vater und der Heilige Geist kämen, um in der Seele, die ihn liebt und seine Gebote hält, Wohnung zu nehmen“ (7M 1,6). Und sie fügt hinzu: „Du lieber Gott! Wie anders ist es doch, diese Worte zu hören und sie zu glauben als auf diese Weise zu erkennen, wie wahr sie sind!“ (7M 1,7). Teresa war von dieser Einwohnung Gottes im Innern ihrer Seele, „im aller-, allertiefsten Innern, in etwas Abgrundtiefem“ aufgrund eigener Erfahrung überzeugt, auch wenn sie nicht zu sagen vermag, „wie es ist, da sie nicht studiert ist“ (7M 1,7; seit Meister Eckhart sprechen wir im Deutschen vom „Seelengrund“, Teresa drückt es ähnlich aus). Der in der scholastischen und mystischen Theologie versierte Johannes vom Kreuz, der sich mit Berichten über eigene Erfahrungen und Visionen sehr zurückhält, hält das von Teresa Erfahrene für möglich: „Man möge es nicht für unglaubwürdig halten, dass bei einer bereits erprobten, geläuterten, im Feuer der Betrübnisse und Mühsale und vielfältiger Versuchungen geprüften und in der Liebe für treu befundenen Menschenseele in diesem Leben die Erfüllung dessen nicht ausbleibt, was der Sohn Gottes versprochen hat, nämlich dass, wenn jemand ihn liebt, die Heiligste Dreifaltigkeit zu ihm kommen und festen Wohnsitz in ihm nehmen werde (Joh 14,23)“ (LB 1,15).

Um die Wirkungen Gottes in den siebten Wohnungen zu beschreiben, bedient sich Teresa eines mütterlichen Gottesbildes: „Denn aus jenen göttlichen Brüsten, aus denen Gott die Seele immerfort zu nähren scheint, schießen einige Milchstrahlen hervor, die alle Leute in der Burg laben“ (7M 2,6). Und sie greift auch auf das biblische Bild von Gott als

Sonne der Gerechtigkeit zurück, „von der ein gewaltiges Licht ausgeht, das aus dem Innern der Seele an die Vermögen geschickt wird“ (7M 2,6).

In diesem Zustand hat die Seele nun große Zuversicht, dass Gott „nicht auszieht“ bzw. „dass Gott sie nicht im Stich lassen wird“ (7M 1,8). Der berühmte Text mit dem *Sólo Dios basta* (Nur Gott genügt), den wir schon in den dritten Wohnungen im Zusammenhang mit der „Mystik des Alltags“ zitierten, gehört ebenso in die siebten Wohnungen als Grunderkenntnis der ekstatischen Mystik. Wir wollen ihn hier nochmals in Erinnerung rufen:

„Nada te turbe,	Nichts soll dich verwirren,
nada te espante,	nichts dich erschrecken,
todo se pasa,	alles geht vorüber,
Dios no se muda,	Gott zieht nicht aus,
la paciencia	Geduld
todo lo alcanza,	erreicht alles,
quien a Dios tiene	wer Gott bei sich hat,
nada le falta,	dem fehlt nichts,
sólo Dios basta.“ (P 6)	nur Gott genügt.

Gott ist einer, der bei uns weilt und bleibt, der nicht auszieht, der uns nicht im Stich lässt, der zu uns steht, der uns trägt, der uns liebt, der ständig um uns wirbt, der auf uns, sollten wir uns von ihm entfernen, voller Barmherzigkeit und Liebe wartet! Das ist die Kernbotschaft der mystischen Erfahrung auf dem Boden des Christentums.

Geistliche Verlobung und geistliche Vermählung

Teresa unterscheidet nun die Gotteinung der geistlichen Verlobung, von der in den letzten zwei Wohnungen die Rede war, von der geistlichen Vermählung, die das Thema der siebten Wohnungen ist. Die geistliche Verlobung geschehe aufgrund imaginativer Visionen der Menschheit Jesu und sei eine Einung, bei der man sich wieder voneinander trennen könne, „wie wir es häufig erleben; denn diese Gnade des Herrn geht rasch vorüber" (7M 2,4). Bildhaft gesprochen: „Mit dem Einswerden wäre es so, wie wenn zwei Wachskerzen so nahe zusammengebracht würden, dass es ein einziges Licht wäre, oder wie wenn der Docht, das Licht und das Wachs zu einem verschmolzen wären. Nachher aber kann man die eine Kerze wieder leicht von der anderen lösen, und es sind wieder zwei Kerzen, und so auch mit dem Docht und dem Wachs" (7M 2,4).

Bei der geistlichen Vermählung erscheine aber der Herr in der Seelenmitte durch eine intellektuelle Vision, „so wie er den Aposteln ohne durch die Tür einzutreten erschien und zu ihnen sprach: ‚Pax vobis'" (7M 2,3). Für diese Einheit bemüht Teresa ein anderes Bild: „Hier ist es aber, wie wenn Wasser vom Himmel in einen Fluss oder eine Quelle fällt, wo alles zu einem Wasser wird, so dass man es nicht wieder aufteilen oder voneinander trennen kann, was nun Flusswasser ist oder vom Himmel fiel; oder wie wenn ein kleines Rinnsal ins Meer fließt: Da gibt es keine Möglichkeit mehr, um sie zu trennen; oder wie wenn ein Raum zwei Fenster hätte, durch die ein starkes Licht einfällt; auch wenn es getrennt einfällt, wird doch alles zu einem Licht" (7M 2,4). Teresa fügt hinzu: „Vielleicht ist es das, was der heilige Paulus sagt: *Wer sich an Gott festmacht und sich ihm nähert, wird ein Geist mit ihm* (1 Kor 6,7)" (7M 2,5; nach der Einheitsübersetzung: „Wer sich an den Herrn bindet, ist ein Geist mit ihm"). Der kleine Schmetterling findet hier einen Rastplatz und muss zugleich sterben, damit er in Christus leben kann: „Nicht mehr ich lebe, sondern Christus lebt in mir" (Gal 2,20, 7M 2,5; 3,1).

Die Beschreibung der Gotteinung anhand der Wasser- und Lichtmetaphorik klingt, so könnte man meinen, „buddhistisch", quasi wie eine „Verschmelzungserfahrung" unter Auslöschung des Ich. Aber mit dem Verweis auf 1 Kor 6,7 hat Teresa angedeutet, dass sie dies im Rahmen ihrer eigenen Glaubenslogik versteht, wie es auch nicht anders sein könnte, wenn Erfahren, Verstehen und Beschreiben zusammenhängen und religiöse Erfahrung immer „interpretierte Erfahrung" ist. Der Theologenpapst Benedikt XVI. hat es in seiner großen Enzyklika *Deus caritas est* (Nr. 10) auf den Punkt gebracht: „Ja, es gibt Vereinigung des Menschen mit Gott – der Urtraum des Menschen –, aber diese Vereinigung ist nicht Verschmelzen, Untergehen im namenlosen Ozean des Göttlichen, sondern ist Einheit, die Liebe schafft, in der beide – Gott und der Mensch – sie selbst bleiben und doch ganz eins werden: ‚Wer sich an den Herrn bindet, ist ein Geist mit ihm', sagt der heilige Paulus (1 Kor 6,17)". Wie man sieht, hat Benedikt XVI. dieselbe Paulusstelle wie Teresa zitiert, um das Proprium der christlichen Gotteinung zu verdeutlichen, das vor dem Hintergrund der hypostatischen Union und des wunderbaren Tausches bei der Menschwerdung Jesu zu verstehen ist.

Die Wirkungen

Klug wie sie ist, vergisst Teresa auch hier nicht, daran zu erinnern, dass die geistliche Vermählung, soll sie echt gewesen sein, bestimmte Wirkungen hervorrufen wird: Selbstvergessenheit, da man von nun an nicht mehr sich selbst, sondern allein die Förderung der Ehre Gottes im Sinne hat, also die Bereitschaft zur Nachfolge Jesu als Einsatz für das Reich Gottes; große Sehnsucht, „es möge sich der Wille Gottes in ihnen erfüllen" (7M 3,4); innere Ruhe; ein großes Losgelöstsein von allem, was unser Herz gefangen halten könnte. Hier und da bedauert Teresa, dass sie nicht theologisch gebildet ist, um sich besser ausdrücken zu können: „Ach Jesus, wer wüsste die vielen Schriftstellen, die es geben muss, um diesen Seelenfrieden verständlich zu machen!" (7M 3,13).

Weil sie die Hauptversuchung des Klosterlebens ihrer Zeit gut kennt, sich eher an der kontemplativen Maria als an der arbeitenden Marta (Lk 10,38–42) zu orientieren, vergisst Teresa auch hier nicht zu betonen, dass die geistliche Vermählung dazu dienen sollte, „dass ihr immerfort Werke entsprießen, Werke!" (7M 4,6). Und Teresa untermauert dies mit einer originellen, weiblichen Deutung der Geschichte von Maria und Marta: beide „müssen zusammengehen", und wenn Maria sich zu Füßen des Herrn setzte und ihn verwöhnte, so doch nur deshalb, weil sie „die Aufgabe Martas bereits erfüllt hatte" (7M 4,13).

Schließlich ermahnt Teresa ihre Schwestern, nicht nur die Augen auf den Gekreuzigten zu richten (vgl. 7M 4,8), sondern auch nicht zu verzagen, weil sie in der Kirche ihrer Zeit nicht wie die Männer „apostolisch" wirken können: „Ihr würdet es ja liebend gern tun, aber da ihr weder lehren noch predigen dürft, wie es die Apostel taten, wisst ihr nicht wie“ (7M 4,14). Man kann auch im Kloster wirken und dort Demut und Nächstenliebe üben, sagt Teresa. Was würde sie aber heute sagen, sie, die so gerne apostolisch wirken wollte? Papst Paul VI. hat sie am 27. September 1970 als erste Frau der Kirchengeschichte zur Kirchenlehrerin erhoben. Aber haben wir 500 Jahre nach der Geburt Teresas wirklich verstanden, dass die Frauen an der Sendung der Kirche nicht weniger als die Männer teilhaben?

„Die Liebesflamme“

Hier und da sagt Teresa mit der Theologie der Kirche, dass die geistliche Vermählung in dieser Welt nur als Vorgeschmack der himmlischen erlebt werden kann, denn die göttliche Schau ist nur drüben möglich. Was bleibt dem Mystiker nach der Erfahrung der Gotteinung? Die Erinnerung an das Erfahrene, aus der man für den Rest des Lebens zehren wird; und eine noch stärkere Sehnsucht nach der endgültigen Begegnung mit Gott jenseits dieser irdischen Hülle. Diese Sehnsucht ist aber nicht durch die Unruhe und die Angst des Anfangs geprägt, sondern strahlt die Gelassenheit desjenigen aus, der sich in der Liebe Gottes geborgen fühlt. Gerade dies – Sehnsucht nach Vollendung, Gelassenheit, Liebe, Zärtlichkeit, Geborgenheit – ist das Thema des Gedichtes „Die Liebesflamme“ des Johannes vom Kreuz, das er am Ende seines mystischen Weges schrieb:

„O Liebesflamme, Leben,
dein zarter Brand verwundet
die Seele mir in ihrem tiefsten Grunde!
Da du mir nicht mehr ausweichst:
So du es willst, vollbring es,
reiß ab den Schleier dieser holden Einung.

O sanfte Glut des Geistes!
Wundmale, mir geschenkte!
O zarte Hand! O kostbare Berührung!
Geschmack ewigen Lebens
und Tilgung aller Schulden:
Du tötest, wandelst so den Tod zum Leben.

O Lampen, feuerleuchtend,
in deren Strahlenglanze
die allertiefsten Höhlen meiner Sinne,
– sie waren blind und dunkel –
mit seltner Sanftheit Licht und
Wärme spenden, mit dem Geliebten eines!

Wie milde und wie liebreich
erwachst du mir im Herzen,
wo du geheimnisvoll allein nur wohnst,
im Dufte deines Hauches von
Glück und Seligkeit erfüllt:
Von welcher Zartheit ist dein Liebeswerben!“[142]

Vierter Teil

„Wenn jemand mich liebt“

Auf die Frage „Meister – wo wohnst Du?“ (Joh 1,38) gibt der Herr in den Evangelien eine vielfache Antwort in Joh 1,38, in Mt 18,20 und 25,40, in Lk 22,19 und in Joh 14,23: „Wenn jemand mich liebt, wird er an meinem Wort festhalten; mein Vater wird ihn lieben, und wir werden zu ihm kommen und bei ihm wohnen“ (Joh 14,23). In der augustinischen Tradition der Suche Gottes in uns, die im Spanien des 16. Jahrhunderts durch die Bewegung des *recogimiento* und den Trend zum inneren Beten einen in der Breite und Tiefe der Kirchengeschichte beispiellosen Aufschwung erlebte, wurde die letzte Antwort für Teresa prägend. Die Wohnung (morada), in der Gott bei uns weilt und auf unsere liebevolle Hinwendung durch die Pflege des inneren Betens wartet, wurde ihr zum Vorgeschmack auf die vielen Wohnungen (moradas), die der Herr im Hause seines Vaters für uns vorbereitet hat (Joh 14,2). Diesen Weg nach innen hat Teresa in schönen Versen besungen, etwa in ihrem Gedicht „Seele, sollst suchen dich in mir, / mich suchen sollst in dir“ (P 4), wie diese Auszüge zeigen:

„Falls du nicht wissen solltest,
wo du mich finden könntest,
so lauf nicht hier-, noch dorthin.
Wenn du mich finden wolltest,
mich suchen sollst in dir.

Du selbst ja mein Gemach bist,
mein Haus und meine Wohnung,
wo jederzeit ich anklopf',
wenn ich in deinem Denken
die Tür verschlossen finde.

Sollst suchen mich nicht draußen,
um mich zu finden, reicht es,
mich einfach nur zu rufen;
zu dir ohn' Zögern komm' ich,
mich suchen sollst in dir."

Falsche Gegensätze

Teresas Weg in die „innere Burg" kann uns zur Aufstellung falscher Gegensätze verleiten. Einer davon wäre z. B. der vermeintliche Unterschied zwischen Glaubensmystik und Liebesmystik, etwa wenn einige protestantische Autoren die erste gegen die zweite ins Feld führen. Die Glaubensmystik stellt dann „eine Demokratisierung" der *unio mystica* dar,[143] weil jeder gläubige Christ eine innige Vereinigung seiner Seele mit Christus geltend machen kann: „Darum kann Luther auch sagen, dass derjenige, der Gottes Wort recht versteht, es ‚on mittel' vom Heiligen Geist hat – in einem unmittelbaren Erfahren, Schmecken und Empfinden. Indem Luther die Unmittelbarkeit der mystischen Tradition in eine Unmittelbarkeit des Wortes transformiert, wird für ihn zugleich der Glaube zum Zentralbegriff des christlichen Lebens: der Glaube als vertrauendes Empfangen des Evangeliums. Das bedeutet aber, dass Luther die traditionelle Zentralstellung der Liebe, die auch noch für Staupitz bestimmend bleibt, preisgibt. Aus der mittelalterlichen Liebesmystik wird bei ihm die reformatorische Glaubensmystik. Pointierter kann man den Umbruch, den Luthers Theologie in der Geschichte der abendländischen Mystik bedeutet, kaum auf den Begriff bringen."[144]

Ich halte den Unterschied zwischen Glaubens- und Liebesmystik bei Luther für eine künstliche Konstruktion. Man braucht nur seine Pfingstpredigt zu Joh 14,23–31, der klassischen Stelle der teresianischen Mystik der Einwohnung Gottes in uns, zu lesen, um zu verstehen, dass Glaubens- und Liebesmystik für ihn dasselbe sind: „Was mag es aber für eine Bedeutung haben, dass der Herr so besonders der Liebe gedenkt? Er sollte so sagen: Wer an mich glaubt, der wird meine Worte halten, und mein Vater wird ihn lieben, wie er denn sonst an anderen Orten so zu sagen pflegt. Aber hier kehrt er es um und sagt: ‚Wer mich liebt, der wird mein Wort halten.' Tun es denn die Liebe und der Glaube nicht? Antwort: Es ist praktisch eins. Denn Christus kann niemand lieben, er glaube denn an ihn und tröste sich seiner [...] Den Glauben muss man zuvor haben, wie denn Christus auch den Glauben als zuvor bestehend verstanden haben will. Nach dem Glauben soll die Liebe folgen, dass uns nichts, weder im Himmel noch auf Erden, lieber sein soll, als der Mann Jesus Christus. Darum nimmt dieser Spruch dem Glauben nichts, sondern dient dazu, dass man des Glaubens Art und rechte Wirkung desto besser erkennen möge."[145] Gewiss, Luther hat berechtigte Vorbehalte gegen die – besonders bei Frauen vorkommende – affektbeladene Liebesmystik des Mittelalters. Aber Teresa relativiert immer das ekstatische Beiwerk und interpretiert ihre mystische Erfahrung im Verstehenshorizont des Glaubens. Die „Demokratisierung" der *unio mystica* ist auch bei ihr gegeben, etwa wenn sie davon ausgeht, dass jeder, der „Dein Wille geschehe" gläubig und liebend betet und Gottes Wort in die Tat umsetzt, die Vereinigung mit Gott vollzieht.

Ein weiterer falscher Gegensatz wäre der zwischen der Mystik der offenen und der geschlossenen Augen. Christliche Mystik ist immer beides, denn der Weg nach innen, zur Gottfindung in uns, führt schließlich unweigerlich nach außen, zur Begegnung Gottes im Nächsten. Die grundlegende Unterscheidung ist die zwischen „christlicher" Mystik und „Wellness-Mystik" oder „Schwelgen in religiösen Gefühlen". Bei Teresa haben wir es mit einer geerdeten christlichen Mystik zu tun, die sehr wohl um die Einheit zwischen Gottes- und Nächstenliebe weiß und letztere im Sinne von Mt 25,40 und 1 Joh 4,19–21 als den Ernstfall des Glaubens und der Gottesliebe betrachtete, auch wenn sie es in ihrer Zeit nicht so ausgedrückt hat, wie Bartolomé de Las Casas, einer ihrer Zeitgenossen, der in den geschundenen Indios „gegeißelte Christusse" sah[146] – oder wie Hélder Câmara heute, der in Anlehnung an Mt 25,40 dieses Gebet geschrieben hat:

„Irre ich mich, o Herr?
Ist der Gedanke eine Versuchung,
Du treibest mich ständig
hinzugehen und zu verkünden,
dass es notwendig ist, ja dringend,
von Deiner Gegenwart im Sakrament
überzugehen
zu Deiner anderen Gegenwart
einer ebenso realen,
im Abendmahl des Armen?
Die Theologien mögen's erörtern.
Tausend Unterscheidungen werden sie
vorbringen ...

Aber wehe dem, der sich von Dir nährt
und dann keine offenen Augen hat,
um Dich zu entdecken,
wie Du Dir im Müll Deine Nahrung
suchst,
von überall verstoßen,
wie Du unter unmenschlichen
Bedingungen,
unter dem Zeichen
völliger Unsicherheit lebst."[147]

Es gab und gibt gewiss im christlichen Bereich auch die Pathologie des spirituellen Narzissmus, die Kardinal Jorge Bergoglio in seiner „Brandrede" vom 9. März 2013 in einer der Kardinalskongregationen zur Vorbereitung des Konklaves anprangerte,[148] aus dem er als Papst Franziskus hervorging: Unter Bezug auf Paul VI. sprach er von der Notwendigkeit, die „süße, tröstende Freude der Evangelisierung" wiederzugewinnen, zu der Jesus Christus selbst „uns von innen her" antreibt. Dazu ist auch die Wiedergewinnung der *parrhesia*, der prophetischen Redefreiheit innerhalb der Kirche nötig, ebenso der Wille, aus sich selbst herauszugehen – bis an die Grenzen der menschlichen Existenz: „die des Mysteriums der Sünde, die des Schmerzes, die der Ungerechtigkeit, die der Ignoranz, die der fehlenden religiösen Praxis, die des Denkens, die jeglichen Elends". In sich selbst verschlossen zu bleiben, das wäre kirchlicher und theologischer „Narzissmus" oder eine „mondäne Kirche, die in sich, von sich und für sich lebt", in der „die einen die anderen beweihräuchern". Bergoglio erinnerte an das Wort Jesu in der Offenbarung, „dass er vor der Tür steht und anklopft" (Offb 3,20). Und er kommentierte das so: „In dem Bibeltext geht es offensichtlich darum, dass er von außen klopft, um hereinzukommen. Aber ich denke an die Male, wenn Jesus von innen klopft, damit wir ihn herauskommen lassen. Die egozentrische Kirche beansprucht Jesus für sich drinnen und lässt ihn nicht nach außen treten". In seinem Brief vom 25. März 2013 an die Teilnehmer der 105. Vollversammlung der argentinischen Bischofskonferenz geißelte Papst Franziskus die „Selbstgefälligkeit", den „Narzissmus", die „mondäne Spiritualität" und den „ausgeklügelten Klerikalismus" als die Krankheiten der Kirche, die uns daran hindern, die „süße, tröstende Freude der Evangelisierung" zu erfahren.[149] Ähnlich ist der Tenor bei der Anklage der 15 Krankheiten der Kurie in seiner Ansprache vom 23. Dezember 2014.

All dies ist ganz „teresianisch", denn spiritueller Narzissmus, Mondänität und klerikaler Karrierismus gehörten auch damals zu den Krankheiten, die Teresa in der Kirche ihrer Zeit vorfand. Genauso wie es ganz „teresianisch" ist, wenn Papst Franziskus in seiner Predigt vom 13. November 2014 im vatikanischen Gästehaus „Domus Sanctae Martae" zu Lk 17,20–25 den Sinn des Wegs nach innen, der Suche nach dem Reich Gottes in uns, verdeutlicht: Das Reich Gottes sei „demütig, wie der Same: demütig, aber groß durch die Kraft des Heiligen Geistes". Unsere Aufgabe bestehe darin, „es in uns wachsen zu lassen, ohne uns zu rühmen. Zuzulassen, dass der Geist kommt, unsere Seele verwandelt und uns voranbringt in der Stille, im Frieden, in der Ruhe, in der Nähe zu Gott, zu den anderen Menschen, in der Anbetung Gottes, ohne jedes Spektakel [...] im Dienst der Nächstenliebe, in aller Stille"[150].

Sperrigkeit und Aktualität teresianischer Mystik

Die dem *Hohelied* entnommene Sprache der Liebesmystik und das Narrativ der „mystischen Fabel" mit der Rede von der Einwohnung Gottes in uns, die bei Teresa selbstverständlich waren, sind vielen heute sperrig. Der spanische Dichter und Agnostiker Antonio Machado (1875–1939), der Teresa (und Johannes vom Kreuz) sehr intensiv gelesen und sein eigenes Nicht-Glauben-Können bedauert hat,[151] brachte unser Zeitgefühl so auf den Punkt:

„Teresa, Feuerseele,
Juan de la Cruz, du Flammengeist,
hierzuland herrscht viel Frost, ihr Gründer, unsre
Herzjesulichtlein, ach, sind am Verglimmen!"[152]

Mit „Herzjesulichtlein" meinte Machado nicht zuletzt das Zeitalter der „mystischen Fabel", in dem Teresas Sprache und Erfahrungen wie selbstverständlich dazu gehörten, während sie in der Moderne wie das Echo einer vergangenen, versunkenen Zeit klingen. Denn zur Moderne gehört eine Form von Religionskritik, die mit der Psychoanalyse Sigmund Freuds die Religion im Allgemeinen und die mystischen Erfahrungen der „Gotteinung" im Besonderen für einen süßen Traum oder eine „Illusion" ohne Zukunft hält. Gerade von dieser Religionskritik war Machado beeinflusst, als er sich in einem Gedicht voller teresianischer Metaphorik mit der Einwohnung und Wirkung Gottes im Seelengrund beschäftigte. Die geheime Arbeit Gottes an uns, um uns ihm ähnlicher zu machen, hat Teresa bekanntlich mit einem aufsprudelnden Brunnen, der unser Herz weitet, mit einem Bienenstock, der Honig aus unserer Bitterkeit produziert, mit einer Sonne, die uns innerlich erwärmt und zugleich unsere „Erbärmlichkeit“ (Selbsterkenntnis) schonungslos – bis zum Weinen bitterer Tränen der Reue – durchleuchtet, verglichen. Das sind schöne, kräftige Bilder, die Machado anziehen. Aber er hält es letztlich für einen „Traum“ oder eine „glückselige Illusion“, womit er vielen Zeitgenossen aus dem Herzen sprechen mag:

„Als ich schlief die letzte Nacht,
da träumte ich – o glückselige Illusion! –,
dass in meines Herzens Schacht
aufsprudelnd ein Brunnen quoll.
Sag, durch welch geheime Rinnen
drangst du bis zu mir empor,
Quell neuen Lebens da drinnen,
von dem ich nie trank zuvor?

Als ich schlief die letzte Nacht,
da träumte ich – o glückselige Illusion! –,
in mein Herz sei eingebracht
ein Bienenstock: summend schwoll
der Bienen goldener Schwarm,
und der verwandelte insgeheim
all meinen bitteren Harm
in weißes Wachs und in Honigseim.

Als ich schlief die letzte Nacht,
da träumte ich – o glückselige Illusion! –,
brennend durchstrahlte die Pracht

einer Sonne meinen Herzensgroll.
Sie brannte, denn wie vom Herde
hochrot ihr Wärme entfloss,
war Sonne, die alles klärte,
so dass ich Tränen vergoss.

Als ich schlief die letzte Nacht,
da träumte ich – o glückselige Illusion! –,
es sei Gott in mir erwacht,
von ihm sei das Herz mir voll."[153]

Auch Peter Handke hat Teresa und Johannes vom Kreuz intensiv gelesen. Ihre Mystik bildet die Tiefenstruktur von zwei Romanen, in denen er ihre Namen aber nie nennt und es lediglich bei einigen wenigen semantischen Spuren belässt.[154] Sie sind zwar für Kenner der spanischen Mystik – *sapienti sat*! – eloquent genug, wurden aber weder von der Sendung „Literarisches Quartett" noch von den Feuilletonisten der großen deutschsprachigen Zeitungen bemerkt. Bei Handke begegnet uns das Narrativ christlicher Mystik in postmoderner Verfremdung: Er scheint die Sehnsucht nach dem „*trato de amistad*", dem aufmerksamen Verweilen bei einem Freund, der uns liebt, nach der Einheit der Liebenden, wie es im *Hohelied* oder bei Teresa und Johannes vorkommt, zu teilen: „Ich bin meines Geliebten / mein Geliebter ist mein" (Hld 6,3). Aber dieser Sehnsucht fehlt die menschliche Erfahrungsdimension angesichts der Faktizität so vieler Paar-Beziehungen, die am Kampf der Geschlechter zugrunde gehen: „Zwischen Frau und Mann ist neuerdings Feindschaft gesetzt. Männer und Frauen sind heutigentags untereinander zerfallen, ohne Ausnahme."[155]

Oder: „Ja, auf Mann und Frau wartet heute von Anfang an der Haß.“[156] Während die Mystiker nach ihrer Einheitserfahrung von Frieden, Barmherzigkeit, Gelassenheit und brennender Sehnsucht nach der jenseitigen Vollendung erfüllt sind, endet die flüchtige Wiederbegegnung der getrennten Liebenden bei Handke nach einem sexuelen Glücksmoment „in namenloser Trauer“ und „in namenlosem Zorn gegen Namenlos“:

„Sie fielen einander in die Arme mit namenloser
Schwäche.
Sie hatten aneinander namenlose Freude.
Sie lagen miteinander in namenloser
Müdigkeit.
Sie wachten auf in namenlosem Staunen.
Sie schauten aus allen Fenstern mit namenloser
Ungeduld.
Sie fuhren weiter mit namenloser Geduld.

Sie liebten einander namenlos.
Sie wurden miteinander namenlos frei.
Sie wurden miteinander namenlos kühn.
Sie wurden miteinander namenlos dankbar.
Sie belohnten einander namenlos.

Sie schwitzten,
schrien,
weinten,
bluteten,
schwiegen und
erzählten einander namenlos.

Sie trennten sich voneinander in namenloser
Trauer.
Sie gingen jeder in eine andere Richtung
in namenlosem Zorn
gegen Namenlos."[157]

Auch Handke mag vielen Zeitgenossen aus dem Herzen sprechen. Aber es gibt andere große, gläubige Schriftsteller, die sich um eine Übersetzung des – immer aktuellen – Kerns der mystischen Fabel in die säkulare Sprache unserer Zeit bemühen. Eine dieser Personen ist die Chilenin Gabriela Mistral (1889–1957), die 1945 mit dem Nobelpreis für Literatur ausgezeichnet wurde. Als anschlussfähigen Kern könnten wir nach Teresa das Bewusstsein um „das zarte Pfeifen des Hirten" sowie um seine ständige Bereitschaft, sich jedem Menschen anzupassen, betrachten: „Da er Herr ist, bringt er die Freiheit mit, und da er uns liebt, passt er sich unserem Maß an" (CV 28,11). Er „führt die Seelen auf vielen Wegen" (6M 7,12), jede Seele so, „wie er sieht, dass sie es braucht" (6M 8,10). Johannes vom Kreuz sagte es so: „Gott steht über den Menschenseelen wie die Sonne, um sich ihnen mitzuteilen" (LB 3,47), und zwar so, dass er jeden auf unterschiedlichen Wegen führt, „so dass man kaum einen Geist findet, der in der Eigenart, die er hat, auch nur halbwegs mit der Eigenart eines anderen übereinstimmt" (LB 3,59). Oder: „Gott ist wie die Quelle, aus der sich jeder so viel schöpft, wie sein Gefäß fasst" (2S 21,2). Und am Ende des oben zitierten Gedichtes über die Liebesflamme schrieb er: „Von welcher Zartheit ist dein Liebeswerben". Wir müssen aber unsere inneren Sinne für das zarte Pfeifen des Hirten schärfen, „denn man hört nichts, doch verspürt man deutlich ein sanftes Gezogenwerden nach innen“ (4M 3,3). Diese Aspekte der mystischen Fabel, zugleich Grundwahrheiten des Christentums, sind im Text von Gabriela Mistral „Die Harfe Gottes“ als Hintergrundfolie spürbar:

„Der David den ‚ersten Musiker‘ nannte, hat wie er eine Harfe: seine Harfe ist gewaltig. Ihre Saiten sind die Därme der Menschen. Keinen Augenblick der Stille kennt diese Harfe, keine Ruhe die Hand des glutvollen Harfenschlägers. Von Sonne zur Sonne läßt Gott auf seine Geschöpfe Melodien herabströmen.

Die Därme des Sinnlichen klingen matt, die Därme des Wollüstigen dumpf wie das Stöhnen des Viehs, die Därme des Geizigen entziehen sich fast dem Gehör, die des Gerechten klingen klar wie Kristall und die des Schmerzbeladenen sind reich an Modulationen wie der Wind über dem Meer vom Schluchzen bis zum brüllenden Geheul. Die Hand des Spielers verweilt ein wenig auf ihnen. Singt die Seele Kains, dann zerspringen die Himmel wie Glas, singt Boas, so erinnert eine Sanftmut an hohe Garben, singt Hiob, dann erzittern die Sterne wie ein menschlicher Leib. Und Hiob lauscht verzückt dem Strome seines Schmerzes, der sich in Schönheit wandelte.

Der göttliche Spieler hört die Seelen, die er schuf und wird bald mutlos, bald begeistert. Gleitet seine Hand von den dürren zu den vollklingenden, so lächelt er, oder es tropft seine Träne auf die Saite. Und niemals schweigt die Harfe, und niemals ruht die Hand des Spielers, noch die Himmel, die lauschen.

Der Mann, der im Schweiße seines Angesichts den Acker aufreißt, weiß nicht, daß der Herr, den er manchmal leugnet, sein Gedärm schlägt. Die Mutter, die das Kind zur Welt bringt, weiß auch nicht, daß ihr Schrei das Blau des Himmels zerreißt, und in diesem Augenblicke ihre Saite blutend wird. Nur der Mystiker wußte es: kaum hörte er diese Harfe, da riß er seine Wunden auf, um mehr zu geben, um bis in alle Ewigkeit in den himmlischen Gefilden zu singen."[158]

Es gibt, wie Karl Rahner sagte, eine universale „Mystik des Alltags", die als „anonym christliche Mystik", als „suchende Christologie"[159] außerhalb des verbalisierten und institutionalisierten Christentums immer und überall – besonders in dem radikalen Akt der echten Nächstenliebe (Mt 25,40) – gegeben ist. Von selbst wird sie allerdings nicht ausdrücklich christlich, sondern nur durch jene reflexive Erfahrung, die nach der Begegnung mit der christlichen Glaubenspredigt – in ihrer doppelten Dimension als *fides quae* oder Glaubensinhalt und *fides qua* oder Glaubensvollzug – als dem christlichen Erfahrungshorizont gemacht wird. Wie auch Edward Schillebeeckx geschrieben hat, führt der Weg der modernen Menschen zum Christentum in und durch eine persönliche „Erfahrung-mit-Erfahrungen", aber „interpretiert im Licht dessen, was die Kirche ihnen aus einer langen christlichen Erfahrungsgeschichte vermittelt", weil der Glaube „aus dem Hören" kommt. So kommt es darauf an, diese Erfahrungsgeschichte so klar wie möglich zu erzählen und glaubwürdig in die Praxis umzusetzen, damit Menschen in diesem Scheinwerferlicht „mit ihren menschlichen Erfahrungen eine *christliche* Erfahrung machen können wollen"[160].

Oder teresianisch ausgedrückt: Wenn Erfahren, Verstehen und Beschreiben zusammenhängen, ist es auch und gerade im „säkularen Zeitalter" wichtig, den mystischen Kern des christlichen Narrativs wachzuhalten, damit wir das zarte

Pfeifen des guten Hirten wahrnehmen können, die Spuren, die er in unserem Leben hinterlassen hat, ohne dass wir es merken, wie Johannes vom Kreuz geschrieben hat: „dass der Weg und Pfad Gottes, auf denen der Mensch zu ihm gelangt, durchs Meer führen und die Spur seiner Füsse durch gewaltige Wasser und darum nicht erkannt werden (Ps 77,19-20), dann bedeutet das, dass dieser Weg, zu Gott zu gehen, so geheim und verdeckt ist für den Sinn der menschlichen Seele, wie es eine Straße durchs Meer für die Sinne des Leibes ist, deren Pfade und Spuren man nicht verfolgen kann. Diese Eigenschaften, dass man sie nicht kennen kann, haben die Schritte und Spuren an sich, die Gott nach und nach in den Menschen zieht, die er zu sich gelangen lassen will, indem er sie groß macht in der Einung mit seiner Weisheit" (2N 17,8).

So ist christliche Mystik unweigerlich „missionarisch", aber in einer diskreten, demütigen, eher hörenden als belehrenden Form, die Spuren Gottes in jedem Menschen begleitend. Denn sie geht davon aus, wie Bartolomé de Las Casas im 16. Jahrhundert betonte, dass die göttliche Weisheit „ihre Kraft von einem Ende zum andern" sanft entfaltet und „voll Güte das All" durchwaltet (Weish 8,1).[161]

Demut

Teresa lebte in der Vormoderne, in einer Zeit also, in der der Glaube an den guten Gott, der uns unaufhörlich mit seinem zarten Pfeifen zu sich ruft und zu seinem Bild und Gleichnis verwandeln möchte, durch die Theodizeefrage noch nicht angefochten war. Für unsere Zeit, die Zeit „nach Auschwitz", hat sie der sterbende Romano Guardini so gestellt: „Warum, Gott, zum Heil die fürchterlichen Umwege, das Leid der Unschuldigen, die Schuld?“[162] Viele Zeitgenossen werden ähnlich denken, da wir auf dieses „Warum“ hier letztlich keine überzeugende Antwort haben – auch nicht durch die subtilste Theologie. Für Teresa war diese ernste Frage nicht einfach stillgelegt oder totgeschwiegen, sondern in einer vormodernen Art des Gottvertrauens aufgehoben: Sie hat die schrecklichen Ereignisse ihrer Zeit wie etwa die Religionskriege in Europa und das brutale Vorgehen ihrer Landsleute gegen die Indios wahrgenommen, Gott im Gebet dargebracht und ihm demütig anvertraut – manchmal mit Tränen in den Augen „ob der Grausamkeit der Menschen“, nicht aber mit Zweifeln an Gottes Güte und Barmherzigkeit, von denen sie aufgrund ihrer Erfahrung felsenfest überzeugt war – ebenso wie Sancho Panza im *Quijote:* „Denn obschon Gottes Eigenschaften alle gleich groß sind, so ist's doch nach unser Anschauung die Barmherzigkeit, die mehr glänzt und hervorstrahlt als die Gerechtigkeit.“[163]

„Nichts soll Dich verwirren,
nichts Dich erschrecken“.

Auch dies gehörte für Teresa zur „Demut“, von der Gott, wie sie am Ende der *Wohnungen der inneren Burg* festhält, „ein Freund“ ist (M Nachwort 2).

Fünfter Teil

Anhang

Zeittafel zum Leben und zur Wirkungsgeschichte

(Für eine ausführliche Zeittafel vgl. Teresa von Ávila, Werke und Briefe I, 57-66. Die meisten der hier vermerkten Angaben wurden aus der genannten Zeittafel übernommen).

1515	28. März: Geburt als Teresa de Ahumada y Cepeda in Ávila, Tochter der Altchristin Beatriz de Ahumada und des Neuchristen Alonso Sánchez de Cepeda (der Großvater väterlicherseits, Juan Sánchez de Toledo, konvertierte 1485 vom jüdischen zum katholischen Glauben mit seinen Kindern, darunter mit dem späteren Vater Teresas, der 1480 geboren wurde). Die Familie hatte zwischen 1510 und 1528 neun bzw. zehn Kinder, dazu kamen weitere zwei aus der ersten Ehe des Vaters (die erste Frau starb 1507, die zweite Eheschließung fand 1509 statt).
Ende 1528/ Anfang 1529	Tod der Mutter Teresas im Kindbett.
1531/32	Frühjahr 1531 bis Herbst 1532: Teresa als Internatsschülerin bei den Augustinerinnen in Ávila, danach verlässt sie das Internat wegen Erkrankung.
1533	Frühjahr: Rekonvaleszenzzeit bei ihrem Onkel Pedro de Cepeda (Bruder des Vaters) in Hortigosa. Viel geistliche Lektüre und Entschluss zum Ordenseintritt.

2.11.1535	Eintritt ins Menschwerdungskloster der Karmeliterinnen zu Ávila.
3.11.1	Profess Teresas auf Lebenszeit.
1538	Schwere Erkrankung (vermutlich Brucellose) und Aufbruch zu einer Heilerin nach Becedas. – Unterwegs Aufenthalt in Hortigosa bei Pedro de Cepeda. – Lektüre des Dritten ABC des Francisco de Osuna OFM. Das Werk nennt sie ihren „Lehrmeister", weil sie sich im inneren Beten bestätigt fühlt.
1539	Juli: im todkranken Zustand Rückkehr ins Menschwerdungskloster. – August: Bitte um die Beichte und dreitägiger todesähnlicher Zustand (Scheintod). Der Vater verhindert, dass man sie begräbt. Danach kann Teresa fast drei Jahre lang kaum gehen.
1542	Teresa gibt das innere Beten auf. – Geburt des Johannes vom Kreuz (Juan de Yepes) in Fontiveros (Ávila).
1545	Beginn des Konzils von Trient.
1543	Sie pflegt den kranken Vater, der am 26. Dezember stirbt.
1543/44	Begegnung mit Vicente Barrón OP, der ihr dringend rät, das innere Beten nicht aufzugeben. – Danach wird Teresa auch von Beichtvätern aus der Gesellschaft Jesu gut beraten.
1554	Fastenzeit: Bekehrungserlebnis vor einer Statue des Schmerzensmannes. – Lektüre der Bekenntnisse des Augustinus. – Erste biographische Aufzeichnungen. – Ab dem 41. Lebensjahr

	will Teresa „fruchtbar“ werden, indem sie an die Gründung eines (Reform-)Klosters denkt.
1554/55	Erste mystische Gebetserfahrungen.
1556	Mai: „mystische Verlobung“ Teresas.
1556–1598	Philipp II. König von Spanien (ab 1580 auch von Portugal).
1559	Autodafés mit Verbrennungen von Kryptoprotestanten in Valladolid und Sevilla. – Verhaftung des Erzbischofs von Toledo, Bartolomé Carranza, durch die Inquisition. – Index verbotener Bücher des Großinquisitors Fernando de Valdés.
1559/60	Mehrere intellektuelle und imaginative Visionen.
24.8.1562	Gründung des ersten Reformklosters: San José in Ávila.
1563	Ende des Konzils von Trient.
1563–1584	Bau von El Escorial.
Ende 1565	Abschluss der Endfassung des Buches meines Lebens (Vida).
1567	Abfassung der Konstitutionen. – 27. April: Gründungserlaubnis für weitere Klöster nach Art von San José. – 16. Mai: Einschränkung der Gründungserlaubnis: nicht in Andalusien. – 15. August: Gründung des zweiten Klosters in Medina del Campo. – 16. August: Erlaubnis zur Gründung von zwei Männerklöstern (außer in Andalusien). – August/September: Erste Begegnung mit Johannes vom Kreuz in Medina del Campo.

1568–1582	Intensive Wirkungsphase mit der Gründung der meisten Klöster und der Abfassung der meisten Werke.
31.10.1568	Erhalt eines Briefes von Juan de Ávila mit Gutheißung der Vida.
28.11.1568	Gründung des ersten Männerklosters in Duruelo durch Antonio de Jesús, Johannes vom Kreuz und José de Cristo.
1569	Juli/August: Abfassung der Ausrufe der Seele zu Gott.
1571	8. Juli: Teresa verzichtet offiziell auf die gemilderte Regel und führt die strengere Observanz der „Unbeschuhten" ein. – 7. Oktober: Seeschlacht von Lepanto, unter Führung Spaniens besiegt die Heilige Liga die Türken.
1572	September: Abfassung des Geistlichen Wettstreits. 18. November: „mystische Vermählung" Teresas.
25.8.1573	Beginnt (in Salamanca) mit der Abfassung vom Buch der Gründungen.
1574	Herbst: zweite Redaktion der Gedanken zum Hohelied (das Original wurde im Frühjahr auf Geheiß des Beichtvaters Diego de Yanguas OP verbrannt, aber es gab bereits Abschriften).
1575	20. April bis 12. Mai: Teresa lernt Jerónimo Gracián in Beas kennen. Teresa ist menschlich tief beeindruckt. Eine geistliche Freundschaft entsteht, die ihr bis zum Tod sehr wichtig sein wird. 24. Mai: in Écija, unterwegs zur Gründung in Sevilla, Gehorsamsgelübde gegenüber

Gracián. – 10. Juni: Domingo Báñez OP approbiert die Gedanken zum Hohelied. – 7. Juli: Domingo Báñez OP approbiert die Vida.

1576 Februar bis März: Teresas geistliches Leben wird von der Inquisition geprüft. – August: Abfassung der Visitation der Unbeschuhten Schwestern. – Ab 23. Juni: Hausarrest in Toledo. – Fortsetzung des Buches der Gründungen.

1577 6. Februar: Abfassung der Neckerei. – 28. Mai: Jerónimo Gracián erteilt Teresa den Auftrag, die Innere Burg zu schreiben, Beginn am 2. Juni. – Mitte Juli: Reise nach Ávila und Unterbrechung der Niederschrift der Inneren Burg. – 29. November: Abschluss der Inneren Burg. – Nacht vom 3.–4. Dezember: Johannes vom Kreuz wird von reformunwilligen „Beschuhten“ entführt und in Toledo gefangengenommen. – 24. Dezember: Teresa stürzt im Kloster San José (Ávila) und bricht sich den linken Oberarm.

1578 Mai: Eine Heilerin aus Medina del Campo renkte Teresas linken Arm wieder ein.

In den Tagen nach dem 15. August: Flucht des Johannes vom Kreuz aus dem Kerker im Karmeliterkloster zu Toledo.

1579 Abfassung der Vier Anweisungen an die Unbeschuhten Karmeliten (CC 59).

1580	Juni: Diego de Yanguas OP und Jerónimo Gracián prüfen die Innere Burg. – 22. Juni: Ein Trennungsbreve Gregors XIII. gesteht den Unbeschuhten eine eigene Provinz zu.
1581	4. März: Jerónimo Gracián wird zum ersten Provinzial der Unbeschuhten gewählt. – 28./29. November: letzte Begegnung mit Johannes vom Kreuz in Ávila.
1582	19. April: Gründung des letzten Klosters in Burgos. – 4. Oktober: Teresa stirbt gegen 21 Uhr in Alba de Tormes. Der folgende Tag wird aufgrund der Gregorianischen Kalenderreform der 15. Oktober.
1583	Editio princeps des Wegs der Vollkommenheit durch Teutonio de Braganza.
1588	Erste spanische Gesamtausgabe der Werke Teresas in Salamanca durch Luis de León OSA.
24.4.1614	Seligsprechung Teresas durch Paul V.
16.3.1622	Heiligsprechung Teresas durch Gregor XV.
1649	Erste deutsche Gesamtausgabe ihrer Werke in Würzburg-Köln.
1965	Schutzpatronin der Schriftsteller spanischer Zunge.
27.9.1970	Ernennung zur Kirchenlehrerin als erste Frau in der Kirche durch Paul VI.

Klostergründungen

Für Frauen

1526	Ávila
1567	Medina del Campo
1568	Malagón
1569	Toledo
1569	Pastrana
1570	Salamanca
1571	Alba de Tormes
1574	Segovia
1575	Beas
1575	Sevilla
1576	Caravaca (Ana de San Alberto delegiert)
1580	Villanueva de la Jara
1580	Palencia
1581	Soria
1582	Granada (Ana de Jesús und Johannes vom Kreuz delegiert)
1582	Burgos

Für Männer

1568	Duruelo
1569	Pastrana

Werke

Ab 1544	Nicht erhaltene Geistliche Erfahrungsberichte (Cuentas de conciencia)
1562	Erstfassung des Lebens (Vida)
ca. 1562/63	Erster Entwurf der 1567 approbierten Konstitutionen
1565	Endfassung des Lebens (Vida)
1566/67	Erstfassung des Weges der Vollkommenheit (Camino de Perfección, Ms. von El Escorial) und Endfassung des Weges der Vollkommenheit (Camino de Perfección, Ms. von Valladolid)
1566	Februar: Erstfassung der Gedanken zum Hohelied (Meditaciones sobre los Cantares)
1567	Endfassung ihrer Konstitutionen
1569	Juli/August: Abfassung der Ausrufe der Seele zu Gott (Exclamaciones del alma a Dios)
1572	September: Abfassung des Geistlichen Wettstreits (Desafío espiritual)
1573	25. August: Beginn des Buches der Gründungen (Fundaciones)
1573/74	Endfassung der Gedanken zum Hohelied (Meditaciones sobre los Cantares)
1576	August: Visitation der Unbeschuhten Schwestern (Visita de las Descalzas)
1577	Neckerei (Vejamen)
	2. Juni bis 29. November: Wohnungen der Inneren Burg (Moradas del Castillo Interior)
1581	Letzter datierter Geistlicher Erfahrungsbericht (CC 66)

Anmerkungen

1 Dieses Kapitel geht u. a. auf folgende Publikation von mir zurück: Mystik in harten Zeiten. Zum historischen Kontext der Mystik von Teresa de Ávila und Juan de la Cruz, in: Zeitschrift für Kirchengeschichte 111 (2000), 56–69.

2 Vgl. Marcel Bataillon, Erasmo y España. Estudios sobre la historia espiritual del siglo XVI, México [3]1986, 709.

3 Beide Belege hier zitiert nach Mariano Delgado, Sevilla. Dr. Egidio, in: Europa Reformata. Reformationsstädte Europas und ihre Reformatoren. Hg. von Michael Welker, Michael Beintker und Albert de Lange, Leipzig 2016, 365–374, 370.

4 Bataillon, Erasmo (Anm. 2), 712.

5 „Tempora adeo sunt periculosa ut etiam tuta timeamus." Melquíades Andrés, Historia de la mística de la edad de oro en España y América, Madrid 1994, 271.

6 José Ignacio Tellechea, El arzobispo Carranza y su tiempo. 2 Bde., Madrid 1968, hier Bd. 2, 256f.

7 Neuausgabe: Melchor Cano, Domingo de Soto, Juan de la Cruz, Tratados espirituales. Hg. v. V. Beltrán de Heredia, Madrid 1962.

8 Vgl. Bataillon, Erasmo (Anm. 2), 702.

9 Das Werk *De locis theologicis* findet sich in der lateinischen Originalversion in: Melchioris Cani Opera, hg. v. Hyacinthus Serry, Bassani 1746; neuerdings ist eine gut zugängliche spanische Übersetzung erschienen: Melchor Cano, De locis theologicis, hg. v. Juan Belda Plans, Madrid 2006. Die arabischen Seitenzahlen in Klammern beziehen sich hier immer auf die spanische Ausgabe, während Buch und Kapitel davor auf die lateinische verweisen, hier: XII,9 (768).

10 José Ignacio Tellechea Idígoras, Un hombre y un libro, in: Bartolomé Carranza de Miranda, Comentarios sobre el Catechismo Christiano, hg. v. José Ignacio Tellechea Idígoras. 3 Bde., Madrid 1972–1999, hier Bd. 1, 39.

11 Fermín Caballero, Conquenses ilustres. Bd. 2: Melchor Cano, Madrid 1871, 536–615, 542.

12 Cano, De locis (Anm. 9), IX, 3 (500).

13 Caballero, Conquenses ilustres (Anm. 11), 542.
14 Ebd., 536.
15 Ebd., 575.
16 Ebd., 577.
17 Ebd., 576.
18 Tellechea, Un hombre (Anm. 10), 39.
19 Tellechea, Carranza (Anm. 6), Bd. 2, 240.
20 Vgl. dazu Mariano Delgado, Das Spanische Jahrhundert (1492–1659). Politik – Religion – Wirtschaft – Kultur, Darmstadt 2016.
21 Bartolomé de Las Casas, Werkauswahl, Bd. 3/1: Sozialethische und staatsrechtliche Schriften, hg. v. Mariano Delgado, Paderborn 1996, 518.
22 Erwin Iserloh, Luther und die Mystik, in: ders., Kirche – Ereignis und Institution. Aufsätze und Vorträge, Münster 1985, 88–106, 95f.
23 „Scala Christus est, quia Christus est, via". D. Martin Luthers Werke. 120 Bde., Weimar 1883–2009, WA 9, 494,17 (Weihnachtspredigt 1520).
24 Monumenta Historica Societatis Jesu: Litterae quatrimestres, Bd. VI, 354.
25 Alain Milhou, Die iberische Halbinsel: I. Spanien, in: Die Zeit der Konfessionen (1530–1620/30) (Geschichte des Christentums Bd. 8), hg. v. Marc Venard, Freiburg 1992, 662–726, 692.
26 Ebd., 697.
27 Dieses Kapitel stellt eine leichte Bearbeitung folgender Publikation von mir dar: Abheben mit gestutzten Flügeln. Frauenmystik in der Frühen Neuzeit, in: Mariano Delgado / Volker Leppin (Hg.), „Dir hat vor den Frauen nicht gegraut". Mystikerinnen und Theologinnen in der Christentumsgeschichte (Studien zur christlichen Religions- und Kulturgeschichte 19), Fribourg/Stuttgart 2015, 100–116.
28 Heinrich Kramer (Institoris), Der Hexenhammer. Malleus maleficarum, hg. und eingeleitet von Günter Jerouschek und Wolfgang Behringer, München [6]2007, 231 (1,6).
29 Vgl. Antonio Márquez, Los Alumbrados. Orígenes y filosofía 1525–1559, Madrid 1972, darin (273–283) das Edikt von 1525.

30 Vgl. Michel de Certeau, Mystische Fabel. 16. bis 17. Jahrhundert, aus dem Französischen übersetzt von Michael Lauble, mit einem Nachwort von Daniel Bogner, Berlin 2010.

31 Bataillon, Erasmo (Anm. 2), 573.

32 Girolamo Savonarola, Predigten und Schriften, hg. v. Mario Ferrara, Salzburg 1957, 78.

33 Vgl. Melquíades Andrés, Los recogidos. Nueva visión de la mística española (1500–1700), Madrid 1975; ders., Historia de la mística en la Edad de Oro en España y América, Madrid 1994.

34 Vgl. das Urteil in der kritischen Ausgabe der Prozessakten: Milagros Ortega-Costa, Proceso de la Inquisición contra María de Cazalla, Madrid 1978, 497–504. Darin (503) heißt es: „Und die genannte María de Cazalla schwor in forma levi, nach der gewohnten Art, den Verbrechen ab, derer sie mit Zeugen und formeller Anklage beschuldigt wurde; besagten Schwur vollzog sie, indem sie die rechte Hand auf die Heiligen Evangelien setzte und danach mit ihr das Kreuzzeichen machte, wie rechtlich vorgeschrieben."

35 María Dolores Esteva de Llobet, Las cárceles interiores de María de Cazalla. Análisis de un proceso inquisitorial, in: Lectora. Revista de dones i textualitat (2/1996) 93–111, 101. Vgl. auch Rosa Rossi, Los silencios y las palabras de María de Cazalla, in: Mientras tanto (28/1986) 55–68; Álvaro Castro Sánchez, Las noches oscuras de María de Cazalla. Mujer, herejía y gobierno en el siglo XVI, Madrid 2011.

36 Esteva de Llobet, Las cárceles (Anm. 35), 102.

37 Und dennoch nennt Márquez – Alumbrados (Anm. 29), 266 – den kastilischen Illuminismus „eine der vielen protestantischen Sekten [...] Die doppelte antikirchliche Verteidigung des sola fide und sola scriptura sowie das optimistische Pathos der christlichen Freiheit und das unverwechselbar aristokratische Ethos der Auserwählten sind alumbrados und Protestanten gemeinsam." Zu diesem Urteil kann man nur kommen, wenn man von der anthropologischen Frage absieht. Darin standen die alumbrados Erasmus näher als Luther!

38 Zit. nach: Ct 269 (780: dort auch Beleg).

39 Eine deutsche Version des Widmungsschreibens findet sich in: Erika Lorenz, Teresa von Ávila. Licht und Schatten, Schaffhausen 1982, 140–151, 142 u. 145.

40 Ebd., 150.

41 Álvaro Huerga, Las lecturas místicas de los alumbrados, in: Santa Teresa y la literatura mística hispánica. Actas del I congreso internacional sobre Santa Teresa y la mística hispánica, hg. v. Manuel Criado de Val, Madrid 1984, 571–581, 581.

42 Vgl. Sor Juana Inés de la Cruz, Die Antwort an Schwester Philothea, Frankfurt am Main 1991, 10–11.

43 Vgl. www.vatican.va/holy_father/paul_vi/apost_letters/documents/hf_p-vi_apl_19700927_multiformis-sapientia_lt.html (überprüft am 13.02.2017).

44 Geschichte der christlichen Spiritualität. Bd. 3: Die Zeit nach der Reformation bis zur Gegenwart, hg. von Louis Dupré und Don E. Saliers in Verbindung mit John Meyendorff. Mit einem Vorwort von Josef Sudbrack, Würzburg 1997, 163.

45 Madame Guyon, Le Moyen court et autres écrits spirituels. Une simplicité subversive. Hg. v. Marie-Louise Gondal, Grenoble 1995. Alle Übersetzungen aus dem Französischen in diesem Abschnitt über Mme Guyon sind vom Verfasser.

46 Geschichte der christlichen Spiritualität. Bd. 3: (Anm. 44), 163.

47 Das Werk „Moyen court et très facile de faire oraison“ wird nach folgender Ausgabe zitiert: Madame Guyon, Œuvres mystiques. Édition critique avec introduction par Dominique Tronc, Paris 2008, 69–138, 69.

48 Ebd., 77.

49 Ebd., 72, vgl. auch 105.

50 Ebd., 79.

51 Ebd., 123.

52 Ebd., 83.

53 Ebd., 133.

54 So das Urteil u. a. von Jean Baruzi, Saint Jean de la Croix et le problème de l'expérience mystique, Paris 1924 (1931), 439–444, hier zitiert nach Marie-Louise Gondal, Madame Guyon (1648–1717).

Un nouveau visage, Paris 1989, 33f. So auch in: Louis Cognet, Art. Guyon, in: Dictionnaire de Spiritualité, Bd. 6, Paris 1967, 1306–1336, 1332.

55 Vgl. Gondal, Madame Guyon (Anm. 45), 19–46.

56 Vgl. Relation sur le Quiétisme par Messire Jacques Benigne Bossuet ..., Paris 1698, 95.

57 Ebd., 22f.

58 Vgl. ebd., 96, 100.

59 Gondal, Madame Guyon (Anm. 45), 74. Zu Bossuet, Innocent Le Masson, Pierre Nicole und Mme Guyon vgl. ebd., 71–83.

60 Ebd., 74.

61 Hier zitiert nach: ebd., 74.

62 Hier zitiert nach: ebd., 38.

63 Œuvres complètes de Bossuet, Évêque de Meaux. Bd. 18 (Correspondance: Lettres de piété et de direction – Lettres sur l'affaire du quiétisme), Besançon-Paris 1841, 505–506.

64 Vgl. dazu Gondal, Madame Guyon (Anm. 45), 62–67; Hartmut Lehmann (Hg.), Jansenismus, Quietismus, Pietismus, Göttingen 2002.

65 Lorenz, Teresa von Ávila (Anm. 39), 145. Dieses Kapitel stellt eine leichte Bearbeitung folgender Publikation von mir dar: „Das nenne ich". Teresas Lehramt, in: Delgado / Leppin (Hg.), „Dir hat vor den Frauen nicht gegraut" (Anm. 27), 283–294.

66 Luis de León, La perfecta casada, hg. v. Javier San José Lera, Madrid 1992, Kap. 16.

67 Joseph Pérez, Teresa de Ávila y la España de su tiempo, Madrid 2007, 186.

68 Luther Deutsch, hg. von K. Aland. 11 Bde., Göttingen 1991, LD 9, 279.

69 Ebd., LD 10, 289.

70 Ebd., LD 9, 279.

71 Ebd., LD 9, 279.

72 Ebd., LD 6, 64.

73 Pérez, Teresa de Avila (Anm. 67), 186.

74 Vgl. Alison Weber, Teresa of Avila and the rhetoric of femininity, Princeton, N. J. 1990.

75 Vgl. Pérez, Teresa de Ávila (Anm. 67), 186.

76 So z. B. in der Vaterunserauslegung von 1535: Luther Deutsch (Anm.

68), LD 6, 207.

77 Vgl. Peter Koch / Wulf Oesterreicher, Sprache der Nähe – Sprache der Distanz. Mündlichkeit und Schriftlichkeit im Spannungsfeld von Sprachtheorie und Sprachgeschichte, in: Romanistisches Jahrbuch 36 (1985), 15–43.

78 Ulrich Dobhan, Teresas Weg des inneren Betens, in: Delgado / Leppin (Hg.), „Dir hat vor den Frauen nicht gegraut“ (Anm. 27), 295, 313, 309.

79 Peter Dyckhoff, Finde den Weg. Geistliche Weisungen nach Miguel de Molinos, München 2003, 24–25.

80 Vgl. www.vatican.va/holy_father/paul_vi/apost_letters/documents/hf_p-vi_apl_19700927_multiformis-sapientia_lt.html (überprüft am 13.02.2017).

81 Santa Teresa de Jesús, Obras completas, 670.

82 Hans Urs von Balthasar, Herrlichkeit. Eine theologische Ästhetik, Band 2: Fächer der Stile, Teil 2: Laikale Stile, Einsiedeln 1962, 528.

83 Gershom Scholem, Die jüdische Mystik in ihren Hauptströmungen, Frankfurt am Main 1980, 6.

84 Ebd., 6f.

85 Edward Schillebeeckx, Christus und die Christen. Die Geschichte einer neuen Lebenspraxis, Freiburg i. Br. 1977, 25.

86 Ebd., 26–27. Vgl. dazu auch ders., Die Auferstehung Jesu als Grund der Erlösung (Quaestiones disputatae 78), Freiburg i. Br. 1979, 19–28; ders., Erfahrung und Glaube, in: Karl Rahner (Hg.), Christlicher Glaube in moderner Gesellschaft, Bd. 25, Freiburg i. Br. 1980, 71–116.

87 Vgl. de Certeau, Mystische Fabel, (Anm. 30).

88 Vgl. meine eigene Übersetzung: Mariano Delgado, Der wunderbare Tausch. Die Romanzen über Dreifaltigkeit, Schöpfung und Menschwerdung des Johannes vom Kreuz – neu übersetzt (Teil 1), in: Christ in der Gegenwart 51 (1999) 53–54.

89 Vgl. dazu Mariano Delgado, Papst Franziskus hat einen Traum: Die Revolution der zärtlichen Liebe, in: Schweizerische Kirchenzeitung 182 (51–52/2013) 786–789; ders., Die Kirche als fruchtbare Mutter, in: http://www.euangel.de/ausgabe-2-2014/veraenderung-in-der-organisation-kirche-und-die-freude-des-evangeliums/die-kirche-als-fruchtbare-mutter/ (überprüft am 13.02.2017).

90 Auszug aus dem Gedicht „Die Quelle“ (P 4) in der Übersetzung von Günter Stachel und mir, zunächst erschienen in: Christ in der Gegenwart 52 (1995), 430.

91 Hier in der Übersetzung von Günter Stachel und mir, erstmals publiziert in: Günter Stachel, In einer Nacht ganz dunkel. Die mystischen Gedichte des Johannes vom Kreuz – neu übersetzt, in: Christ in der Gegenwart 48 (8/1996) 61–62, 61.

92 Diese Stelle wird von Teresa u. a. zitiert in MC 4,8.

93 Bataillon, Erasmo (Anm. 2), 573.

94 Hier zitiert nach: Daniel de Pablo Morato, Teresa en oración. Historia – experiencia – doctrina, Madrid 2004, 250f.

95 Vgl. Caballero, Conquenses ilustres (Anm. 11), 536–615, 577.

96 Místicos franciscanos españoles II: Tercer abecedario espiritual de Francisco de Osuna. Introducción y edición preparada por Saturnino López Santidrián, Madrid 1998, 417 (16,1), ähnlich 271 (9,1).

97 Luther beschreibt so sein „Turmerlebnis“ aus dem Jahr 1519: „Ich war von einer wundersamen Leidenschaft gepackt worden, Paulus in seinem Römerbrief kennenzulernen, aber bis dahin hatte mir nicht die Kälte meines Herzens, sondern ein einziges Wort im Wege gestanden, das im ersten Kapitel steht: ‚Die Gerechtigkeit Gottes wird in ihm [d. h. im Evangelium] offenbart‘ (Röm 1,17). Ich hasste nämlich dieses Wort ‚Gerechtigkeit Gottes‘, das ich nach dem allgemeinen Wortgebrauch aller Doktoren philosophisch als die sogenannte formale oder aktive Gerechtigkeit zu verstehen gelernt hatte, mit der Gott gerecht ist, nach der er Sünder und Ungerechte straft […] Endlich achtete ich in Tag und Nacht währendem Nachsinnen durch Gottes Erbarmen auf die Verbindung der Worte, nämlich: ‚Die Gerechtigkeit Gottes wird in ihm offenbart‘, wie geschrieben steht: ‚Der Gerechte lebt aus dem Glauben‘ (Hab 2,4). Da habe ich angefangen, die Gerechtigkeit Gottes als die zu begreifen, durch die der Gerechte als durch Gottes Geschenk lebt, nämlich aus Glauben: ich begriff, dass dies der Sinn ist: Offenbart wird durch das Evangelium die Gerechtigkeit Gottes, nämlich die passive, durch die uns Gott, der Barmherzige, durch den Glauben rechtfertigt, wie geschrieben steht: ‚Der Gerechte lebt aus dem Glauben.‘ Nun fühlte ich mich ganz und gar neugeboren und

durch offene Pforten in das Paradies selbst eingetreten. Da zeigte sich mir sogleich die ganze Schrift von einer anderen Seite." D. Martin Luthers Werke. 120 Bde., Weimar 1883–2009 [= WA], WA 54,185, 12–186,20. Zu Teresa und Luther vgl. Mariano Delgado, Teresa von Ávila und Martin Luther. Einige Gemeinsamkeiten und Unterschiede, in: Catholica (M) 70 (2016) 1–22; Jürgen Moltmann, Die Wendung zur Christusmystik bei Teresa von Ávila. Oder: Teresa von Ávila und Martin Luther, in: Stimmen der Zeit 200 (7/1982) 449–463.

98 Dobhan, Teresas Weg (Anm. 78), 302. Zum inneren Beten bei Teresa von Ávila vgl. auch Reinhard Körner, Was ist inneres Beten?, Münsterschwarzach 2002. Im Zusammenhang mit der heute aktuellen Frage nach multi- oder interreligiösem Beten vgl. Mariano Delgado, Gemeinsames Beten bei interreligiösen Begegnungen. Impulse aus der Gebetserfahrung der Mystikerin Teresa von Avila, in: George Augustin / Sonja Sailer-Pfister / Klaus Vellguth (Hg.), Christentum im Dialog. Perspektiven christlicher Identität in einer pluralen Gesellschaft (Theologie im Dialog 12), Freiburg 2014, 257–269.

99 Dobhan, Teresas Weg (Anm. 78), 306.

100 Vgl. Miguel de Cervantes, Don Quijote de la Mancha. Edición del Instituto Cervantes dirigida por Francisco Rico, con la colaboración de Joaquín Forradellas. Estudio preliminar de Fernando Lázaro Carreter, Barcelona 1998, 930 (II,36).

101 Vgl. dazu Delgado, Das Spanische Jahrhundert (Anm. 20), 43–54.

102 Volker Leppin, Transformationen spätmittelalterlicher Mystik bei Luther, in: Berndt Hamm / Volker Leppin (Hg.), Gottes Nähe unmittelbar erfahren. Mystik im Mittelalter und bei Martin Luther, unter Mitarbeit von H. Munzert, Tübingen 2007, 163–185, 182.

103 Vgl. dazu Mariano Delgado, Luther im Spanien des 16. Jahrhunderts. „Die deutsche Ketzerei" als Übel aller Übel, in: ders. / Volker Leppin (Hg.), Luther: Zankapfel zwischen den Konfessionen und „Vater im Glauben"? Historische, systematische und ökumenische Zugänge (Studien zur christlichen Religions- und Kulturgeschichte 21), Fribourg/Stuttgart 2016, 182–204.

104 Michael Sievernich, Die christliche Mission. Geschichte und Gegenwart, Darmstadt 2009, 21.

105 Ulrich Dobhan, „Marta und Maria müssen zusammengehen“. Teresa von Ávilas Weg von der „knechtischen Furcht vor Gott“ zum „herumvagabundierenden Weibsbild“, in: ZMR 99 (2015), 165–178, 177.

106 Vgl. dazu die Einführung der Herausgeber, in: Teresa von Ávila, Werke und Briefe, Bd. 1, 1641–1678, 1648–1653.

107 Vgl. Anm. 5 der Herausgeber. Werke und Briefe, Bd. 1, M, Prolog.

108 Vgl. dazu die Einführung der Herausgeber, Werke und Briefe (Anm. 106).

109 Karl Rahner, Mystische Erfahrung und mystische Theologie, in: ders., Schriften zur Theologie. Bd. 12, Einsiedeln 1978, 428–438, 437.

110 Herbert Vorgrimler, Gotteserfahrung im Alltag. Der Beitrag Karl Rahners zu Spiritualität und Mystik, in: Karl Lehmann (Hg.), Vor dem Geheimnis Gottes den Menschen verstehen. Karl Rahner zum 80. Geburtstag, München 1984, 62–79, 67.

111 Eine Übersicht über die Erklärungsversuche findet sich bei Luce López-Baralt, Teresa de Jesús y el Islam. El símil de los siete castillos concéntricos del alma, in: Pablo Beneito u. a. (Hg.), Mujeres de luz. La mística femenina y lo femenino en la mística, Madrid 2001, 53–76, 54–58. Vgl. dazu auch die Einführung der Herausgeber, Werke und Briefe (Anm. 106), 1653–1663.

112 Vgl. 6M 4,8 und 7M 2,9.

113 Vgl. dazu Miguel Asín Palacios, El símil de los castillos y moradas en la mística islámica y en santa Teresa, in: Al-Andalus 11 (1946) 263–274.

114 Ebd., 267f.

115 Vgl. Luce López-Baralt, Teresa de Jesús (Anm. 111); dies., Santa Teresa y el Islam. Los símbolos del vino del éxtasis, la apretura y la anchura, el jardín del alma, el árbol místico, el gusano de seda, los siete castillos concéntricos, in: Ephemerides Carmeliticae 33 (1981–1982) 629–678.

116 Vgl. ausführlichere deutschsprachige Zitate der Burgbeschreibung in diesen Werken in der Einführung der Hg. der deutschen Ausgabe in: Werke und Briefe, Bd. 1, 1641–1678, 1653–1663.

117 López-Baralt, Teresa de Jesús (Anm. 111), 71.

118 Vgl. auch Miguel Asín Palacios, Huellas del Islam. Sto. Tomás de

Aquino, Turquemada, Pascal, S. Juan de la Cruz, Madrid 1944, 263–266, vor allem 266.

119 Vgl. ebd., 264; Christóbal Cuevas, El pensamiento del Islam, Contenido e historia. Influenca en la mística española, Madrid 1972, 297–307.

120 Isacio Pérez Fernández, Don Quijote de la Mancha y Don Quijote de las Indias. Fray Bartolomé de Las Casas, clave histórica de la obra inmortal de Cervantes, Sevilla 2002.

121 Místicos franciscanos españoles II: Tercer abecedario espiritual de Francisco de Osuna. Introducción y edición preparada por Saturnino López Santidrián, Madrid 1998, 417 (16,1), ähnlich 271 (9,1).

122 Andere übersetzen am Ende „die ihn fürchten", was man machen kann, wenn man unter Gott-Fürchten auch Gott-Lieben versteht. Vgl. dazu Martin Neher, Wesen und Wirken der Weisheit in der Sapientia Salomonis (Beihefte zur Zeitschrift für die alttestamentliche Wissenschaft 333), Berlin 2004, 72.

123 Místicos franciscanos espanoles (Anm. 121), 484 (18,1). So nach der alten Bibelübersetzung von Lk 17,21, während es heute eher heißt: „Das Reich Gottes ist (schon) mitten unter euch".

124 Ebd., 498 (19,1).

125 Dietrich Bonhoeffer, Widerstand und Ergebung. Werkausgabe, Band 8: Briefe und Aufzeichnungen aus der Haft, hg. von Christian Gremmels, Eberhard Bethge und Renate Bethge in Zusammenarbeit mit Ilse Tödt, München 1998, DBW 8, 20.

126 Belege für die zitierten Stellen aus dem Sermon in: D. Martin Luthers Werke. 120 Bde., Weimar 1883–2009, WA 2,137–141.

127 Edith Stein, Kreuzeswissenschaft. Studie über Joannes a Cruce. (Werke Bd. 1), Druten/Freiburg [3]1983, 144.

128 Paul Ricœur, La métaphore vive, Paris 1975, 321.

129 Vgl. Anm. 1 der Herausgeber, Werke und Briefe (Anm. 106), 4M 3.

130 Katholisches Gesangbuch. Gesang- und Gebetbuch der deutschsprachigen Schweiz, hg. im Auftrag der Schweizer Bischofskonferenz, Zug 1998, 608 (Lied 546).

131 Ignatius von Loyola, Deutsche Werkausgabe, Bd. 2: Gründungstexte der Gesellschaft Jesu, übersetzt von Peter Knauer (Geistliche Übungen, Nr. 234), Würzburg 1998, 204.

132 Britta Souvignier, Die Würde des Leibes. Heil und Heilung bei Teresa von Avila, Köln 2001, 144.

133 Ludger Lütkehaus, Werner Fulds Geschichte des sinnlichen Schreibens, in: Neue Zürcher Zeitung vom 21. März 2015, 67.

134 In meiner eigenen Übersetzung. Zunächst erschienen in: Mariano Delgado, Wie Leuchter und Leuchte – Verstand/Vernunft und Glaube nach Johannes vom Kreuz, in: Mariano Delgado / Guido Vergauwen (Hg.), Glaube und Vernunft – Theologie und Philosophie. Aspekte ihrer Wechselwirkung in Geschichte und Gegenwart (Ökumenische Beihefte 44), Fribourg 2003, 85–103, 102f.

135 Vgl. William James, The Varieties of Religious Experience. A Study in Human Nature (Being the Gifford Lectures on Natural Religion delivered at Edinburgh in 1901–1902), New York 1902 (dt.: Die Vielfalt religiöser Erfahrung, Frankfurt am Main 2005), hier zitiert nach Marvin Döbler, Die Mystik und die Sinne. Eine religionshistorische Untersuchung am Beispiel Bernhards von Clairvaux (BERG 2), Göttingen 2013, 48.

136 Ludwig Wittgenstein, Tractatus logico-philosophicus. Tagebücher 1914–1916. Philosophische Untersuchungen (Werkausgabe 1), Frankfurt am Main [12]1999, 85, Sätze 7 und 6.522.

137 Zum Motiv der finsteren Wolke in der mystischen Tradition vgl. auch: Wolke des Nichtwissens und Brief persönlicher Führung. Der Klassiker der Kontemplation, übers. von Willi Massa, mit einer spirituellen Hinführung hg. von Willigis Jäger, Nachwort von Bernhard Uhde, Freiburg i. Br. [2]2012.

138 Vgl. Jerónimo Münzer, Viaje por España y Portugal en los años 1494 y 1495. Versión del latín por Julio Puyol, in: Boletín de la Real Academia de la Historia, tomo 84 (1924), 32–119 und 197–279, 98.

139 Hier in der Übersetzung von Günter Stachel und mir, erschienen in: Christ in der Gegenwart 35 (1996), 285.

140 Meine Übersetzung war bisher unveröffentlicht. Für den spanischen Originaltext: San Juan de la Cruz, Obras completas, 86 (P 11).

141 de Certeau, Mystische Fabel (Anm. 30), 487.

142 Übersetzung von Günter Stachel und mir, zunächst erschienen in: Mariano Delgado, Die „Liebesflamme“. Die mystischen Gedichte des

Johannes vom Kreuz – neu übersetzt, in: Christ in der Gegenwart 48 (44/1996), 365–366.

143 Berndt Hamm, Wie mystisch war der Glaube Luthers?, in: ders. / Leppin (Hg.), Gottes Nähe unmittelbar erfahren (Anm. 102), 237–287, 276.

144 Ebd., 265f.

145 Luther Deutsch (Anm. 68), 8, 250.

146 Bartolomé de Las Casas, Werkauswahl, Bd. 2: Historische und ethnographische Schriften, hg. v. Mariano Delgado, Paderborn 1995, 291f. Vgl. dazu Mariano Delgado, Stein des Anstoßes. Bartolomé de Las Casas als Anwalt der Indios, St. Ottilien 2011.

147 Hélder Câmara, Der Traum von einer anderen Welt, München 1987, 139.

148 Vgl. http://blog.radiovatikan.de/die-kirche-die-sich-um-sich-selber-dreht-theologischer-narzissmus/ (überprüft am 13.02.2017).

149 http://w2.vatican.va/content/francesco/es/letters/2013/documents/papa-francesco_20130325_lettera-vescovi-argentina.html (überprüft am 13.02.2017).

150 https://w2.vatican.va/content/francesco/de/cotidie/2014/documents/papa-francesco-cotidie_20141113_meditazioni-112.html (überprüft am 13.02.2017).

151 Seine Unfähigkeit zu glauben empfand Machado durchaus als etwas Bitteres: „... zur Bitterkeit tauber Trauben: / glauben zu wollen, doch außerstand, / wirklich zu glauben, zu glauben!“ Antonio Machado, Campos de Castilla / Kastilische Landschaften. Spanisch und Deutsch, hg. und übertragen von Fritz Vogelsang, Zürich 2001, 166f (CXXVIII).

152 Ebd., 214f (CXXXVI–XX).

153 Antonio Machado, Einsamkeiten – Soledades. Aus dem Spanischen übersetzt von Fritz Vogelsang, Zürich 1996, 158). Fritz Vogelsang übersetzt „bendita ilusión“ mit „Wunschbild wundervoll!“. Ich habe mir erlaubt, dies durch „o glückselige Illusion!“ zu ersetzen, um den semantischen Bezug zur Religionskritik Freuds zu behalten.

154 Vgl. Peter Handke, In einer dunklen Nacht ging ich aus meinem stillen Haus, Frankfurt am Main 1997; ders., Der Bildverlust oder Durch die Sierra de Gredos, Frankfurt am Main 2002. Vgl. dazu Das Lied vom Na-

menlos – oder: Wenn Dichter Mystiker werden (wollen). Zur letzten Parabel von Peter Handke, in: Lebendiges Zeugnis 53 (1998) 126–138.

155 Handke, In einer dunklen Nacht (Anm. 154), 159.

156 Ebd., 160f.

157 Ebd., 310f. Der Text ist von Handke, die Bezeichnung als „Lied vom Namenlos" ist von mir.

158 Gabriela Mistral, Spürst du meine Zärtlichkeit?, Zürich ^{3}1981, 58–59.

159 Für „Mystik des Alltags" vgl. Karl Rahner, Mystik des Alltags und Erfahrung des Heiligen Geistes, in: Karl Lehmann/Albert Raffelt (Hg.), Rechenschaft des Glaubens. Karl Rahner – Lesebuch, Freiburg 1979, 255–262; für die „suchende Christologie" vgl. ders., Visionen und Prophezeiung. Zur Mystik und Transzendenzerfahrung, hg. v. Josef Sudbrack, Freiburg i. Br. 1989.

160 Edward Schillebeeckx, Die Auferstehung Jesu als Grund der Erlösung. Zwischenbericht über die Prolegomena zu einer Christologie (Quaestiones disputatae 78), Freiburg i. Br. 1979, 13–28, 17.

161 Auf dieses Bibelzitat nimmt Las Casas in seinem Traktat über die einzige Art der Berufung aller Völker zum Christentum immer wieder Bezug: Bartolomé de Las Casas, Werkauswahl, Bd. 1: Missionstheologische Schriften. Hg. v. Mariano Delgado, Paderborn 1994, 108, 119.

162 Eugen Biser, Interpretation und Veränderung. Werk und Wirkung Romano Guardinis, Paderborn 1979, 132f.

163 Cervantes, Don Quijote (Anm. 101), 866 (II, 42).